U0034490

我們的戰爭責任

「昭和」初期二十年和「平成」時期二十年的歷史考察

纐纈厚◎著
申荷麗◎譯
杜繼平◎審校

國家圖書館出版品預行編目資料

我們的戰爭責任：昭和時期二十年和平成時期二十年的歷史考察／纐纈厚著；申荷麗譯. -- 初版. -- 臺北市：人間，2010.12
面；　公分
ISBN 978-986-6777-26-4（平裝）

1. 日本史　2. 軍國主義　3. 殖民主義

731.278　　99023702

我們的戰爭責任——「昭和」初期二十年和「平成」時期二十年的歷史考察

著◎纐纈厚
出版者　人間出版社
發行人　呂正惠
社長　林怡君
地址　台北市長泰街59巷7號
電話　02-2337-0566
郵撥帳號　11746473・人間出版社
排版印刷　龍虎電腦排版股份有限公司
地址　台北縣中和市建一路7號2樓
電話　02-8221-8866
登記證　局版台業字第三六八五號
初版　2010年12月
定價　新台幣180元

前言　兩個「二十年」

自「昭和」年號結束、「平成」年號開始，已經過去二十年了。回顧起來，自 1926 年「昭和」年號開始到 1945 年戰敗爲止，恰好也同樣是二十年。

對此並非要找出其特別的含義，但是，不知爲什麼我感到進入「昭和」後的二十年，與進入「平成」後的二十年有某些相似之處。從戰敗到「昭和」年號結束爲止，雖然反覆不斷地出現一些試行錯誤，但總體上來看，日本是尋求和平安定，並取得了成效。但是，「昭和」結束後，隨著時代的推移，愈益感到充滿戰爭和混亂時代的昭和史經改頭換面正在復活再生。

從戰敗到「平成」時期，能夠從正面談論昭和時期的痛苦經歷並接受和汲取過去的教訓。通過學習和汲取過去的歷史教訓可以成爲創造和平和安定的力量。但是，最近許多人感到，人們的記憶中那些以往的體驗和歷史教訓已經變得模糊淡化了。而問題是，究竟模糊到了什麼樣的程度呢？爲什麼會變成這樣一種狀態呢？

本書要指出的是，戰後日本社會和日本人的認識中不知不覺地刻記上了錯誤的昭和史觀，由此，想重新回顧和考察「昭和」時期和「平成」時期的兩個「二十年」。我的假說是，這兩個「二十年」在看不到的暗處密切連接在一起。當然，我並不認爲自己的昭和史觀就是完全正確的。對於歷史有各種各樣的觀點和解釋，由此而引發歷史爭論，力求去接近歷史。既有像我一樣，想要強調「昭和」初期的二十年類似「平成」時期的二十年、潛藏著某種危險性的人，也會有人按照兩個年代不同的性質，評價戰後的——以及「平成」的——安定和成長，或者其他不同的見解。此外，以才剛剛二十年的「平成」時期爲歷史評價的對象，甚至也會有人感到困惑不解。

但是，可以指出的是，戰敗後，日本社會培植了「殖民地近代化論」史觀，試圖將日本的殖民地統治正當化，以脫其罪責。問題是，爲什麼竟然無視歷史事實，要將殖民地統治正當化呢？儘管並非出於想要再度實行殖民地統治的意圖，但是通過這種將殖民統治正當化的言論，徹底免除殖民地統治的責任，最終甚至全面否定「殖民地統治」這一歷史事實。

另外，戰後一貫流傳的聖斷論，即使現在依然爲許多日本人所信奉。而這一聖斷論確實混淆了歷史事實，起到了某種政治上的作用。我們知道，由裕仁天皇開始的那場戰爭，同樣又是由裕仁天皇的「聖斷」來結束戰爭，使戰爭責任的問題變得曖昧。「聖斷論」解脫了裕仁天皇的戰爭責任，把天皇周邊以東條英機（1884-1948 年，甲級戰犯）爲首的軍事官僚們定爲主要戰犯，由他們承擔戰爭責任。沒有「聖斷」好像就沒有日本新的開端一樣，「聖斷論」將戰前的權力結構原封不動地移轉到戰後，同時戰前的保守派裝扮一新，以戰後保守勢力的態度復活再生。

可是，由於這一歷史過程是在「聖斷論」的煙幕籠罩下發展過來的，所以我們不能淸晰地辨認戰後保守勢力的眞實面目。「昭和」時期結束，戰後保守派的本來面目隨著煙幕淡化而開始顯露，呈現在我們眼前的是整備軍事（有事）法制以及修改和平憲法的論調，即企圖修改確保了日本戰後民主主義得以有效維持和發展的日本國憲法。進入「平成」時期後，又開始重新評價東條英機的盟友岸信介（1896-1987 年，甲級戰犯）。事出當然有因，這大概是從 2006 年 9 月，岸信介的外孫、安倍晉三一躍登上首相之後開始的吧。順便提一下，岸信介出生在山口縣吉敷郡山口町（現在的山口市），是佐藤家的次子，父親是招贅進佐藤家的倒插門女婿，岸信介在初中三年級時成爲父親老家岸家的養子。岸的女兒嫁給了安倍晉三的父親安倍晉太郎（1924-1991 年，曾任外交大臣）。安倍晉三在就任首相之前，曾對北朝鮮誘拐綁架日本人質問題發表言論，主張採取強硬的外交態度，由此而嶄露頭角，身爲自民黨內的「太子黨」開始受到輿論和媒體的矚目。而安倍常常自我炫耀、吹捧的政治人物就是其外祖父岸信介。

此外，「官式參拜靖國神社」成爲社會・外交問題。岸信介是官僚出身的政治人物，他在戰爭初期擔任商工大臣，戰後同盟國佔領時期一結束便恢復了權力，直至就任首相登上了權力的頂峰。戰後不久，政治人物們即重新開始參拜靖國神社。這些問題並非到了「平成」後才出現。但是，進入「平成」時期以後，開始重新評價岸信介以及參拜靖國神社成爲社會問題，是因爲這些問題起到了連接兩個「二十年」的媒介作用，今後也將會遭到來自國內外的批判。

本書在把握「昭和史」和「平成史」的基礎上，探討連接兩個「二十年」的歷史事實。同時也爲了不再重演「昭和二十年」充滿戰爭和混亂的歷史，現在需要重新認識和把握兩個「二十年」。

我們的戰爭責任
——「昭和」初期二十年和「平成」時期二十年的歷史考察

【序章】

日本帝國的原型及其復活

——田母神問題的本質

期盼日本帝國的復活

2008 年 11 月，在 APA 集團（注：該集團 1971 年創立，係以經營公寓及旅館爲主的企業。該機構的代表元古外志雄寫過歷史修正論的著作，擔任「小松基地金澤友會」會長，該會是爲加強與自衛隊小松基地（石川縣）的和睦關係設立的，與前首相安倍晉三爲首的右翼政治人物關係密切）舉辦的「眞正的近現代史觀」有獎徵文評選中，當時的日本防衛省航空自衛隊幕僚長（相當於空軍司令）田母神俊雄的應徵論文獲得了特等獎，媒體報導曾轟動一時。這是因爲，身爲日本自衛隊現任的高級軍官，竟公然否定「侵略戰爭」，將貫穿於日本近代史的侵略戰爭冠以「聖戰」來加以肯定，把壓制亞洲民衆的歷史視爲「解放戰爭」。至今爲止，不僅僅是田母神前航空自衛隊幕僚長，這種毫無根由的荒唐言論反覆不斷地重覆出現。

身爲國家公職人員，並且是擔當武力集團的統帥的高級官員，居然不斷宣揚否定侵略戰爭的言論、歪曲歷史事實，這是決不能容忍的。況且，讓這種對舊日本陸海軍深表同情的人負責自衛隊內部的官兵教育，不免令人感到疑慮。只有坦誠地面對和承認過去侵略的歷史事實，端正歷史認識，爲創造和平而努力，才是日本重新獲得亞洲信賴的有效途徑。

國家公職人員當然需要具備相應的歷史認識。長久以來，我國的政治人物以及官僚的道德問題受到指責，並且存在一些違反法紀的問題。當然，我也並不認爲所有的政治人物和官僚都是「墮落」的，但是看到一些脫離常軌、荒誕無稽的發言以及對此奉承迎合的人，我認爲這與其說是個人素質的問題，不如說已經是一種社會問題。

前航空自衛隊幕僚長田母神究竟想要主張什麼呢？對平成二十年所發生的這一事件應該如何評價呢？在展開議論之前，首先想列舉一下「田母神論文」中極力主張的「國防思想」的特徵。

第一，通過「全盤肯定」近代日本的戰爭史，重新評價發動戰爭的主角——舊日本陸海軍。也就是說，通過把「侵略」的歷史改成「國防」的歷史，掩蓋和歪曲事實，進而積極地評價「國防」，肯定擔當現代國防建設的自衛隊的歷史作用，進一步喚起國民的支持。出於這種意圖，必須全面否定過去侵略戰爭的事實。

在此，可以看出作者對於戰後日本人漸漸對「國防」變得漠不關心而顯露出的焦慮。前航空自衛隊幕僚長田母神在辭職後會見記者時，對記者團的追問辯解道：「是遵從爲了國家、國民的信念寫的論文」。田母神通過否定侵略的歷史，是想在國民面前強調新的國防精神和信念。

第二，透過田母神的主張可以看出企圖將自衛隊「升格」爲國防軍的強烈願望。在論文中，赤裸裸地談論期待確立「自主防衛」，最終當然關係到重新評價日美同盟及脫離美國、強化自主防衛力量。田母神說「整備我們保衛自己國家的體制，可以防止我國將來被侵略，同時也成爲外交交涉的後盾。這在其他國家是很容易被理解的事情，在我國卻得不到國民的理解」，這段話表明了其眞實的想法。對於持有這種主張的制服組幹部，我暫且給他起名叫「自主國防派」。

我將這種「自主國防派」還稱作「戰後版亞洲・門羅派」。戰前的亞洲・門羅派是以中日全面戰爭（1937 年 7 月）

爲契機在軍部急劇抬頭的勢力。他們從過去的親英美派的手中奪過實權後，一邊維持與英美的協調路線，並企圖獨佔中國以及亞洲諸國的資源和市場，在「大東亞共榮圈」的設想下統霸亞洲。

同樣，在田母神的主張中，隱藏著這麼一種觀點，那就是過度依存美國將阻礙日本國防的自立。就是說，雖然沒有明確表明堅持國防自立的意識程度，但是脫離對美國的從屬、建設自立的「日本帝國」的意圖昭然若揭。這種主張與過去的亞洲・門羅派同出一轍。田母神的主張是公開抵制支持戰後民主主義的和平主義方針，也是向憲法第九條的公然挑戰。

田母神爲什麼對戰後民主主義大加指責、並要從根本上否定戰後民主主義呢？田母神極其同情戰前的日本社會，在此，對戰前的日本、特別是昭和初期二十年（1926-1945 年）的歷史做一回顧。這一時代也正是本書的主題。

「昭和」歷史前半期的大正民主主義

對於「昭和」初期的二十年（1926-1945 年），用一句話概括的話，可以說就是民主主義和法西斯主義，或者說民主主義和軍國主義混雜的時代。在我來看，那個時代和「平成」的二十年（1989-2008 年）有諸多類似的感覺。大正年間的第一次世界大戰（1914-1918 年）可以視爲昭和二十年的啓動點。

第一次世界大戰與以往的戰爭形態截然不同，首開人類歷史上「國家總體戰」形態的先河。戰域的擴大以及巨大的破壞遠遠超出人們的預料，第一次世界大戰給日本的統治層強烈的衝擊。他們開始認識到未來的戰爭無疑將是趨向國家總體戰的戰爭，那麼日本必須從根本上重新考慮整備與此相適應的國家體制。

公然宣揚軍國主義思想、在明治國家中樞擔任要職的山縣有朋（1838-1922 年），早在第一次世界大戰尚未結束時就表明，爲了奪取今後戰爭的勝利，「必須動員國民，竭盡國力，依靠上下一統，舉國一致之力」（德富豬一郎編著《公爵山縣有朋傳》下卷，「山縣有朋公紀念事業會」，1933 年）。

總之，也就是強調爲準備未來的戰爭而構築總體戰體制的必要性。如果說山縣是統管軍部和官僚的最有權勢者的話，那麼，另一個代表政黨的人物之一犬養毅（1855-1932 年）（當時任國民黨總裁），在 1918 年（大正 7 年）1 月召開的國民黨大會上提到「徵集全國男青年服兵役、將全國工業用於製造軍用器械的軍需工廠」（鷲尾義直《犬養木堂傳》中卷，東洋經濟新報社，1939 年），主張日本資本主義必須要回應國家的總體戰。

軍政要人相繼表明了以總體戰爲前提的軍事思想和經濟措施的必要性，同時，媒體報導了第一次世界大戰造成的史無前例的巨大的傷亡和破壞。對此，國際社會掀起了反對戰爭、呼籲和平的民主主義浪潮，這種反戰浪潮也擴大到了日本社會。1918 年 9 月原敬（1856-1921 年）內閣成立，全部閣僚都是政友會會員、是純粹的政黨內閣。原敬內閣要求廢止日本陸軍參謀本部等，也可以說出台了向軍國主義挑戰的政策。圍繞民主主義的爭論也變得愈加激烈，這一時期成立了以吉野作造（1878-1933 年，政治學者）和福田德三（1874-1930 年，經濟學者）爲中心的黎明會（1918 年 12 月）。由於受國際社會興起的民主主義和民族自決的影響，在殖民地朝鮮發生了三・一萬歲事件（1919 年 3 月），獨立運動勃然興起。在日本國內，以尾崎行雄（1859-1954 年）和犬養毅等爲首，要求實行普遍選舉法的運動也轟轟烈烈地開展。要求普遍選舉的示威遊行（1920 年 2 月），表明了在國民中已形成了一大潮流，主張實行普遍選舉、民主主義的呼聲不斷高漲。

以第一次世界大戰中發生的「米騷動」（1918 年）爲契機，促進了民衆政治能量的爆發。米騷動迫使被奚落爲「非立憲內閣」的反動軍人內閣、寺內正毅（1852-1919 年）內閣全體辭職。因爲時代已經不能容忍像寺內內閣那樣的反動保守內閣的存在。反對出兵西伯利亞（1918-1925 年）的大衆運動、爲消除米價暴漲引發生活不安的運動等充分體現了民衆的政治能量。正是由於這種民主主義的浪潮，反動的保守政治指導部也不得不認同原敬政友會內閣的登場。吉野作造倡導的民本主義就是將這種民衆的政治能量加以理論化。

被譽爲日本型民主主義的民本主義運動，以實行普遍選舉爲政治目標、有效地促進了「普選運動」的發展。但是，即便是首次組建政黨內閣的原敬，也對廣大民衆迅急地登上政治舞臺持有戒心，認爲普遍選舉是「民衆的強行要求破壞現代組織」的選舉制度（原奎一郎編《原敬日記》乾元社，1950 年）。此後，在野黨的憲政會和國民黨向國會提交「普選議案」後，原敬突然解散衆議院（1920 年 2 月）。原敬利用、假借民主主義運動之勢，但是對民主主義的理論持戒備和懷疑的態度。這也是原敬本身的局限性。事實上，後來原敬施行了壓制普選運動的政策。

時代發生了巨大的變化。在蓬勃高漲的普選運動中，發生了足尾銅礦大罷工（1921 年 3 月），以及神戶的「川崎・三菱造船廠罷工」（同年 7 月），另外，遭受歧視的村落居民聯合起來爲消除歧視結成了日本農民組合（1922 年），日本農民組合領導的農民運動也此起彼伏、迅速發展。此外，受到天皇制家長制壓迫的婦女也開始覺醒，要求婦女解放的運動變得十分活躍。平塚雷鳥（1886-1971 年）、市川房枝（1893-1981 年）等結成了新婦女協會（1920 年 3 月），以市川爲首還成立了爭取婦女參政權促進同盟（1924 年），目標是促進婦女參與政治活動，獲得選舉權。另一方面，社會主義運動結束了長時期的「寒冬時代」，1920 年 12 月成立了日本社會主義同盟（翌年 5 月政府下令解散），集聚了衆多的社會主義者。日本共產黨也於 1922 年 7 月誕生。

「昭和」初期的二十年

大正時代是短暫而相對穩定的時期，該時代的根本特徵是大正民主主義風潮席捲文化的各個領域。關東大地震（1923 年 9 月 1 日）後，日本政府加大了對民主主義、社會主義運動的打擊力度。再加上山本權兵衛（1852-1933 年）內閣時期發生了無政府主義者難波大助刺殺攝政的裕仁親王（即後來的昭和天皇）未遂事件（虎門事件），此後，進一步加大了對社會主義勢力的打擊和鎮壓。

在民主主義和反民主主義相互激烈的鬥爭中，大正民主主義運動取得的一大成果就是，1925 年 3 月議會通過了《普遍選舉法》。但是，政府以治安惡化爲由，3 月份同時公佈了《治安維持法》，想以此對應普選法成立後更加活躍的民衆政治運動。該法律明確規定，對於「成立以變更國體或否定私有財產制度爲目的的團體，或者明知其性質而加入者」（第一條），給予嚴厲處置。旨在取締包括共產主義在內的一切試圖改變國體的言論、結社等社會活動，同時也起到了對一般民衆恫嚇鎮壓的作用。

由此，大正末期，代表民主主義成果的《普遍選舉法》和反民主主義的《治安維持法》同時出台，這一代表性的事例意味著民主主義和法西斯主義同時並存及持續的狀況。這種狀況持續了一段時間，自裕仁天皇即位（1926 年 12 月）前後反民主主義勢力開始發起了攻勢。1927（昭和 2 年 4 月），以政友會總裁田中義一（1864-1929 年）爲首相的內閣成立。田中是陸軍出身，他組建了在鄉軍人會和青年團等組織，爲構築徹底的軍國主義和國家總動員體制發揮了重要的作用。

田中內閣中，平沼騏一郎（1867-1952 年）派的人受到器重。平沼騏一郎是標榜反民主主義的右翼組織「國本社」的創始人，在東京裁判時被定爲甲級戰犯。在當時日本經濟處於蕭條的情況下，田中內閣斷然實行反動的侵略政策。在中國，民衆高喊反對帝國主義和民族自決的口號掀起抗擊帝國主義運動的熱潮，蔣介石（1887-1975 年）與此呼應，開始了北伐戰爭（1926-1927 年，旨在打倒帝國主義、推翻軍閥統治、實現全國統一）。第一次世界大戰後，儘管日本從德國手中接管了山東，但是由於喪權辱國的《二十一條》（1915 年 5 月）遭到中國民衆的強烈反對，將包括青島在內的山東權益一時歸還給了中國。1927 年 5 月，當蔣介石第一期北伐逼近山東時，田中內閣以「保僑」名義出兵山東，以切斷蔣軍北上通道。向山東出兵完全是維護日本在中國既得權益的侵略行動，但是名義上卻聲稱是「保護日本在華僑民的生命及財產安全」。日本依靠軍事武力確保既得的權益，激起了中國民衆的極大憤慨，由此掀起了強烈的反日運動。但是，對此，日本的右翼政治人物和軍人採取的態度是，中國的反應過激，在日本國內極力煽動反華情緒。

田中內閣的方針是，日本在中國的既得權益若有可能受到侵害的話，則立刻向中國派兵。在 1927 年 7 月發表的「對華政策綱領」中表明了這一方針。比如其中，「關於滿蒙，特別是東三省，由於在國防和國民的生存上有著重大的利害關係，需要採取特殊的措施」，就是主張採取軍事武力的正當性。田中內閣採取對華武力外交政策，翌年的 4 月（昭和 3 年）第二次出兵山東，更加暴露了赤裸裸的侵略行徑，之後，事實上日本對山東一帶實施了軍事佔領。

而從日本國內的政局來看，由於脫離政友會的成員另結成了政友本黨，並與憲政會合併成立了立憲民政黨，執政的政友會成爲佔少數的執政黨。由此，田中首相解散了議會，進行了普遍選舉法成立後的第一次普選（1928 年 2 月）。當時，無產階級政黨提名 82 個候選人，並取得了 8 個議席。對此，田中內閣對共產黨員及其支持者實施了徹底的鎮壓，即三・一五事件。同年 4 月重新修訂了《治安維持法》，將原來規定的最高刑期 10 年改爲死刑，翌年日本政府再次搜捕和鎮壓共產黨員及支持者（四・一六事件）。

就這樣，在日本國內，政治體制對共產黨的鎮壓成了連續不斷的日常行動。但是，當時世界面臨經濟大恐慌。1929 年 10 月，自美國首先爆發的世界經濟恐慌使資本主義國家陷入深刻的經濟危機，自翌年開始，日本也受到了極大的打擊和影響。以蠶絲爲代表的日本出口產業遭到破壞性的打擊，各企業縮短勞動時間、降低工資、強行裁員、維護企業利益。特別是基礎薄弱的中小企業相繼倒閉，日本全國失業人員達200-300萬人。企業四處奔走尋求合理化經營，對此廣大勞工提出抗議、掀起罷工熱潮，開始出現了要打破這種沉悶閉塞的社會輿論的動向。

或許是注意到了這種輿論動向，1931 年 9 月 18 日，日本陸軍發起了柳條湖事件（炸毀南滿鐵路並嫁禍給中國軍隊），以此爲契機，開始向中國東北（滿州）的軍事入侵（「滿州事變」）。當初，若槻禮次郎（1866-1949 年）民政黨內閣堅持不擴大方針，但是在陸軍內部強硬派的驅使下不斷派兵，最終佔領了整個滿州，建立了「滿州國」（後改爲「滿州帝國」）。當初，雖然陸軍的行動受到國內輿論及媒體的批判，但是爲擺脫國內的艱難局面，最終國內輿論還是支持了陸軍的侵華行動。

這主要還在於日本人的利己認識。在過去的日清、日俄戰爭中，許多日本人流血犧牲，戰爭目的總歸是爲了爭奪滿州和蒙古的霸權，確保日本在這些地域的霸權。因此國內沒有掀起反戰和平運動，好像民主主義尚未成熟、不足以與法西斯主義抗爭。在國內貧富差距增大的情況下，也有許多日本人尋求在國外發跡、找到新的成功的機會，侵華意識不斷地增強。

即使 1937 年 7 月盧溝橋事件後進入中日全面戰爭時，很多日本人認爲再次迎來了對中國實施完全統治的機會。同年 12 月，中國首都南京陷落後，日本全國各地舉行了提燈遊行、歡慶勝利。由此可見，當時日本已經完全丟棄了民主主義及和平的願望，被吞沒在軍國主義和法西斯主義爲主的排外民族主義的巨浪之中。

從 1937 年 7 月到 1945 年 8 月戰敗爲止，當然並不是說整個日本完全陷入軍國主義和法西斯主義狀態，也有不少祈求反戰和平的民衆和新聞媒體界的人士進行著不懈的抵抗。但是，從整體上來看，是從民主主義和軍國主義・法西斯主義並存的時代向勢力強大的軍國主義・法西斯主義時代轉換。

總體戰時期的民主主義

對昭和初期的二十年，用一句話來概括的話就是，「總體戰時期的民主主義」和「戰爭時期的法西斯主義」混雜的時代。若是第一次世界大戰的大正民主主義時期日本的民主主義能夠成熟地發展、在日本社會得以確立的話，也許就能夠抑制住法西斯主義和軍國主義勢力的抬頭。

然而，自第一次世界大戰結束開始意識到建設國家總體戰體制的必要性之後，認識到社會民主主義對建設總體戰體制是不可缺少的。也就是說，通過普遍選舉使大衆參與政治舞臺，作爲未來總體戰戰爭的資源。這種認識開始在國家指導者層中確立下來。

民主主義是堅持自由、自信、自律的思想，而總體戰則是以動員、管理、統治爲原理的。從這一意義上來說，總體戰思想是和法西斯主義和軍國主義同一性質的思想，那麼顯然民主主義和總體戰思想是相悖的。可是，消除形式上的差異將每個人作爲政治動員的個體來考慮的民主主義，與將每個人作爲軍事動員的個體來考慮的總體戰論有可能確立一種相互補充的關係。尤其是在日本，這種可能性是極大的。

總體戰論者認爲，民衆參與政治舞臺是構築總體戰國家絕對必要的條件。比如持有這種觀點的田中義一，從擔任陸軍省軍事課長時期開始就大講未來的戰爭是「國民戰爭」，主張「國民的軍隊化和軍隊的國民化」（=良兵即良民），強調在國民總動員制度的充實中總體戰體制才得以完備。田中的這一主張後來被譽爲「效力於總體戰的民主主義」。

由於日本民主主義沒有得到充分的發展、尚未成熟，體現民主主義基本原理的自由、自治、自律的思想沒能得到廣泛傳播和深化，而被納入了總體戰論中，這就是日本民主主義的實際狀態吧。滿州事變後，即使對勢力急劇增大的軍部和官僚來說，也不能夠無視民主主義所內涵的大衆動員機能，在總體戰論中也倡導形式上的民主主義和形式上的平等主義的必要性。

總體戰社會對所有的國民進行「均等的動員」，將解除階級差距、生活差距和學歷差距。總體戰社會，不僅動員大量的士兵奔赴戰場，爲了確保戰爭資源和加強持續的作戰能力，後方支援佔有極其重要的地位。由此也消除了「戰場」和「後方」的區別。要求身居後方的國民也要成爲「士兵」。

如上所述，昭和初期的二十年，日本社會並不是僅僅由法西斯主義和軍國主義壟斷。在「平等」這一民主主義原理下，「均等」地動員大衆參與戰爭。尤其是 1940 年，大政翼贊會成立，超越階級差別將國民都「均等」地統一到「日本帝國」之中。不言而喻，大政翼贊會是企圖實行法西斯精神總動員（=獨裁的法西斯主義）。之後，在像似平等主義的形式下統一國民意識。極力消除各種歧視和差距，總體戰社會如同「平等社會」一樣的「幻想」不斷地擴大。

「平成」時期的二十年

戰後，日本吸取戰敗的教訓、痛感戰爭罪過，向國內外宣佈決不再重蹈侵略國家的歷史，不言而喻，這正是新憲法、特別是前言和第九條所明示的。新憲法的目的是，要消除昭和初期二十年民主主義和法西斯主義、軍國主義混雜的狀態，努力建設以民主主義爲基礎的社會。但是，1950 年朝鮮戰爭爆發後，戰後日本的「民主化」剎車，開始掉轉方向走「回頭路」。當然，雖說如此，並非像戰前那樣，民主主義處於完全崩潰的狀態。

戰後，美國對日本的發展起著主導作用，日本接受美國的社會秩序和美國流的民主主義，締結了日美安全保障條約（Security Treaty between Japan and the United States of America）結爲同盟國，加速戰後復興、著重經濟建設。在東西冷戰時期日本成了美國在亞洲的據點。日本在美國巨大的經濟援助下，短時間內實現了經濟復興，成爲世界公認的經濟大國。

日本過去侵略過的各亞洲國家和地區，由於冷戰體制失去了向日本追究戰爭責任、索賠戰爭損失的機會。而趁此之際，日本得以專注於發展本國經濟、確保在亞洲的市場。再加上，朝鮮戰爭以及越南戰爭等，爲美國在亞洲的戰爭提供大量軍需，日本深得恩惠，大肆謳歌讚頌所謂的「日美安保繁榮論」。東京奧運會（1964 年 10 月）和大阪萬國博覽會（1970 年 3 月）都是所謂「日美安保繁榮論」的具體例證。

此外，這期間日本社會不斷出現一些試圖改變日本國憲法、否定戰後民主主義的復辟活動。然而，由於市民中間形成了強大的反對戰爭追求和平的力量，同時冷戰時期追求優先發展經濟的勢力占主導地位，儘管堅持修改憲法的「自民黨」長期把持政權，在形式上還是繼續保持戰後民主主義。可是，另一方面，重整軍備後自衛隊軍事力量迅速增強，已經發展爲令世界注目的強大的軍隊，教育行政中反動的保守勢力不斷增大，以及加強治安立法等，事實上民主主義和和平主義變得徒有形式。

但是，自裕仁天皇去世（1989 年 1 月）到「平成」二十年的今日，我所看到的是與這種戰後反動的保守勢力的動向有所不同的顯著變化。尤其是，裕仁天皇去世，戰爭責任問題再次成爲議論的話題，但事實上，天皇的戰爭責任問題長時期一直被擱置起來，通過媒體呈現給人們的是「和平天皇」的形象，人們一直被這種虛像所迷惑。由此以來，軍國主義和戰爭時代的「昭和」從人們的記憶中消失了，而出現了與歐美列強抗爭、引以爲榮耀的「昭和」這一歷史虛像。即所謂的歷史否定論或者歷史修正論的興起。

進入二十世紀 90 年代，東西冷戰體制結束，日本保守政治不能繼續安享冷戰體制的恩惠、從此，不得不考慮進行歷史的修正。雖然曾一時允許「非自民聯立政權」執政，但此後自民黨通過聯立政權順利保持了原有的權力結構。同時，以自民黨爲中心的保守政權爲了擺脫經濟發展停滯的局面、加強與美國的軍事同盟，積極加大自衛隊軍事建設、實現軍事現代化。自此，國會陸續不斷通過了《關於協助聯合國維和活動的法律》（簡稱「PKO 法」（1992 年））、《周邊事態法》（1999 年）、《反恐特別措施法》（2001 年）、《武力攻擊事態對應法》（2003 年）、《支援伊拉克復興特別措施法案》（2003

年）、《國民保護法》（2004年）等等一系列的軍事法制，軍事軟體方面的建設整備日益強化。

由此，戰後的「昭和」時期日本保守政治選擇的「經濟第一主義」和「輕軍備」政策，到了「平成」以後出現了大的轉換期。實現這種轉換的最明顯的標誌就是 1999 年的第 145 國會（小淵惠三首相）。在長達 207 天的國會期間，《周邊事態法》、《國旗國歌法》、《竊聽法》、《居民基本註册法》、《地方分權一攬子法案》、《中央省廳等改革關聯法案》等，包括修改在內總共通過了 138 個法案。我把到目前爲止的日本的政治體制稱爲「1999 年體制」。通過這些法律的出台，日本的政治路線顯著地向右傾轉化。

「昭和」初期二十年和「平成」時期二十年的共同點

那麼，昭和初期二十年和平成時期二十年，究竟有哪些共同點呢？

第一，這兩個二十年期間，是民主主義和法西斯主義及軍國主義混雜的時期。本來民主主義和法西斯主義的行動原理是相悖的，但是自 1926 年 12 月進入「昭和」初期，爲實現構築國家總體戰體制這一目標，民主主義和法西斯主義結成一體形成了互補關係。而到了 1930 年以後，從準戰時體制向戰時體制過渡的過程中，民主主義竟致起到了動員民衆參戰的作用。

另一方面，回顧 1989 年 1 月開始進入「平成」這二十年期間，可以說戰敗後按新憲法體制確立的民主主義在二十世紀末開始受挫，這麼說並非言過其實。或者說這期間民主主義脫胎換骨、發生了實質上的變化。乘此機會保守政權顯露出推行法西斯主義和軍國主義的傾向。並且，這期間中國及其它各亞洲國家和地區經濟發展迅速，日本作爲「經濟大國」的絕對地位動搖不定。由此以來，日本國內，也出現了對這些新興諸國實行抵制排外的民族主義勢力。縱觀這一時代的變化過程，令人感到「平成」的二十年期間與「昭和」初期的二十年期間的政治・社會極其相似。就好像日本帝國搖籃的「昭和」初期被複製到了平成時期的感覺。

第二個共同點就是，軍國主義思想強化，事實上爲軍部介入政治奠定了基礎。儘管這麼指責，也許大多數讀者對此並沒有明顯的感受。在此，讓我們再回顧一下「昭和」時期。昭和初期的二十年間，日本持續不斷地向中國增派兵力。這是適應於日本資本主義的膨脹而採取的政治行動，同時，也是爲了消除國內矛盾的政治行動。從滿州事變開始經過盧溝橋事件直到日本戰敗爲止，日本帝國的軍事行動從未間斷過。巨大的軍事預算給國民生活帶來了沉重的負擔，現實生活中民衆對政治不滿、處於經濟貧困狀態。爲此，試圖以軍事行動來扭轉這種困境。這種選擇形成了「惡性循環」的體制。這是日本帝國的病理。

那麼，「平成」二十年期間是怎樣的呢？進入「平成」時期，充實整備了一系列的軍事法制（即所謂的「有事」關聯法以及伊拉克特別措施法），開闢了向海外派遣自衛隊的通道，並向伊拉克派遣了陸上自衛隊和航空自衛隊。自奧巴馬政權執政開始（2009 年 1 月），爲適應美國的戰略，日本開始考慮加大對阿富汗的援助，並且以打擊索馬里海賊爲由強行向海外派遣海上自衛隊，突出其為國際社會做「貢獻」的戰略意圖。日本的自衛隊不是為了保衛日本領土不受侵犯才設置的軍隊嗎?!此外，如今美國引發的金融危機給包括日本在內的國際經濟帶來沉重的打擊，日本也陷入了深刻的經濟困境。至今日本與美國締結了一系列的依存關係，從而確保了日本在亞洲的政治和經濟上的優勢地位。那麼，按照「日美同盟」，只要「美國有求」，日本就要唯命是從、必須向海外派兵嗎？或者說只要打著「國際貢獻」這一美名，就可以容忍自衛隊向海外派兵嗎？對這種事關重大的原則問題不加任何討論、使自衛隊的「海外派遣」既成事實，自衛隊制服組期望儘快實現國防軍自立的目的和意圖昭然若揭。在此如果不能懸崖勒馬的話，那麼也許將會重演「昭和」的歷史。

日本帝國的復活

我認為，對昭和初期的二十年和平成時期的二十年，可以用「日本帝國的持續和復活」這一關鍵字來加以概括。這是本書的中心課題。以下，簡要地概括和介紹一下本書論述的內容。

昭和初期為了建立總體戰國家，「革新官僚」岸信介四處奔走，又因岸信介是前首相安倍晉三的外祖父，所以到了平成時期再次成為輿論關注的人物。滿州事變後，岸作為高級官僚當時極想在「滿州帝國」建立總體戰國家。對於岸來說，滿州帝國是日本建立總體戰國家的實驗場所。在這一方面，岸和當時任關東軍憲兵隊司令官的東條英機一脈相承。東條作為統帥陸軍統治派的急先鋒，也極力想實現建立日本總體戰國家的夢想。1941 年 10 月成立了東條英機內閣，岸就任內閣商工大臣（副總理級別），岸信介身兼戰時物質動員的統帥，希望實現多年來的夙願。

對於岸來說，所謂建設總體戰國家，就是意味著不依賴歐美建設自立的帝國。岸想要通過「滿州帝國」確保建設總體戰國家不可缺少的資源市場。同時，將滿州帝國最終建成摧毀共產主義國家蘇聯、確保天皇制國家和平與穩定的軍事據點。戰後，儘管岸被定爲甲級戰犯罷免了公職，但是在恢復公職後立刻進入政界，最終登上總理大臣的最高職位。岸是頗具領導能力、手腕強硬的政治人物，同時又是民族主義者、政治上講究務實，期待日本帝國復活的幫派勢力將岸視爲理想的保守政治人物形象、對其大肆讚賞。對安倍晉三也曾一時給予很大的期待，希望能夠成爲像岸一樣的政治人物，但是安倍才能不及，未能擔起重任，之後又將期望寄託於麻生太郎，同樣未能如願，令人大失所望。

如果說岸信介是日本帝國復活的火車頭的話，那麼具體地體現日本帝國精神和思想的就是靖國神社。靖國神社的作用，是爲天皇發起的戰爭中的「陣亡者」提供祭祀場所，作爲天皇的恩惠將其「合祀」在靖國神社，對「陣亡者」的獻身精神加以頌揚。合祀在靖國神社的陣亡者，其生前的社會地位、頭銜以及功績等一概不計，在天皇之名譽下獲得了平等和均等。這是「一君之下萬民平等」（「一君萬民」）的思想，在這裡編造和鼓吹所謂虛構的「天皇平等主義」。

將動員參與總體戰、爲總體戰獻身捐軀的日本人，死後像似平等地一起合葬，靖國神社的「合祀」作用發揮著極大的效用。也就是說形成和確立了這樣的「靖國思想」，即，如果爲國家和天皇獻身的話，就可以從世俗社會的不平等以及差別、歧視、壓抑、貧困等中得到解脫。

因此，靖國神社起到了將國家和民衆一體化的政治功能。在如今日本向海外派遣自衛隊的情況下，又重新開始強化靖國神社的這種功能。靖國神社準備爲將來的「陣亡者」提供「合祀」，爲他們哀悼、頌歌，這樣一來，也許終究又會導致無條件地宣揚和美化爲日本帝國的獻身精神和文化。必須指出的是，這方面也與昭和初期極其相似。

再次宣揚靖國思想，是由於存在著戰前和戰後連續性這一課題。不言而喻，天皇制在戰後繼承戰前的權力和思想方面起到了決定性的作用。通過高度的政治策略考慮設計出來的「聖斷」，戰前的帝國天皇制在戰後也一如既往、原封不動地作爲象徵天皇制保留下來。並且，支撐天皇制的戰前主要的官僚和軍事機構也改裝換貌得以殘存和維持下來。

昭和初期的天皇基本上堅持親英美路線，表面上擺出立憲君主的態度。但是在滿州事變時裕仁天皇說「朕爲忠烈嘉獎」（《給關東軍的詔敕》1938 年 1 月），給關東軍最高的贊辭。滿州事變是昭和時期日本帝國最初的侵略戰爭。天皇認同了軍部的侵華策略後，軍部打著統帥權獨立的盾牌，開始了自主行動。在天皇自身釀製的軍部自主行動的狀況下，日本帝國不久即擺脫了對英美的依存，開始向建設自立帝國的方向轉變。其結果，導致與英美的對立及戰爭。

戰敗後日本重新恢復了親美路線。所謂日美一體化的日美安保體制從根本上支撐著戰後日本的政治經濟體制，自衛隊一直處於同盟軍的地位，擔負著美軍一部分軍事任務。特別是九十年代以後，日本經濟發展停滯，在亞洲的地位相對低下，顯然過度偏重於日美軍事同盟。但是，對上述自衛隊的行動，自衛隊內部一些制服組開始表示出不滿和反對。那就是 2008 年 11 月，航空自衛隊幕僚長（當時）田母神的獲獎論文及由此引發的爭議。在此，讓我們再來看一下田母神的問題。

對「昭和初期」的懷戀

從「田母神」論文出台的背景來看，是自衛隊內部長期以來一直不斷主張「歷史否定論」的結果。那麼自衛隊內部的教育課程，究竟是在講授什麼樣的歷史觀呢？從自衛隊與舊軍隊有著連續性這一觀點考慮，在此對以前的教育狀況也稍作考察。

在重整軍備的過程中，從員警預備隊（1950 年 8 月）到保安隊（1952 年 10 月），仿照美軍的裝備和編制，確立由總理大臣掌握軍事統帥權，並將防衛行政納入內閣行政管理，確立了以歐美式民主主義體制爲前提的防衛組織和目標。員警預備隊和保安隊在裝備和組織方面具有濃厚的軍隊色彩。因此，毫無疑問這是與現行憲法相抵觸的武裝組織。

但是，在此想要指出的是，重建的部隊與舊軍隊「建軍精神」的關聯性。比如，根據 1953（昭和 28）年 2 月編製的保安隊內部文書《關於現階段軍隊建設的內部文件》，「新時期的軍隊須是以世界最高道義爲本的眞正武裝，軍隊以維護我民族之生命、堅守正義、保衛國家爲使命，應爲世界和平和國家正義作出貢獻」，將保安隊這一「新的軍隊」，確立爲名副其實的捍衛民族和國家的武力裝置。

並且，在該文件的「附錄 7 保安隊的實際狀況」中寫道，

「過去的日本軍以忠君愛國精神爲基本貫徹如一。（中略）今日的保安隊缺少這種精神」。在此，由舊軍人轉化的保安隊幹部所編製的這一文書表現出的憂慮是，保安隊與舊軍隊不同，缺少堅固的精神基礎。而且從現實來看，並不能像舊軍隊那樣直接以天皇爲精神基礎，由此著重強調民族自豪感和理性的愛國心、對國家的忠誠心。

實際上，到目前爲止，自衛隊幹部的精神教育是以「愛祖國、愛民族、反共教育」爲三項基本信念。但是，其結果是，這些「基本信念」最終導致了狹隘的自民族中心思想和排外心態，成爲阻礙現行憲法確立的實現國際合作和國家和平的一大桎梏。從這一意義上說，很難說眞正吸取了戰前軍國主義的反面教訓。

「愛祖國、愛民族、反共教育」在自衛隊幹部的意識中也是一脈相承。曾擔任海上自衛隊幹部學校校長的海軍將校築土龍男指出，最重要的是集中加強防衛的對象，這正是防衛戰略的重要問題，明確主張防衛對像是「國土」（《海幹校評論》1971 年 9 月號）。這裡所說的「國土」，認爲是指作爲地理空間上的領土、領海、領空。另外，在陸上幕僚監部編的《精神教育（陸士本技用、陸士訓練用）》（1962 年刊）中，強調自衛軍官根本的精神、思想教育在於「日本民族的優秀性」和「理性的愛國心」。

此外，希望自衛隊以天皇爲精神基礎，將天皇視爲「統一自衛隊員的象徵」（《軍事研究》1989 年 3 月號・栗棲弘臣論文）。從中可以窺見，通過將天皇視爲統一自衛隊員的象徵，最終想要重新將天皇確立爲「最高司令官」的欲望。

名曰自衛隊的「軍隊」，決不是政治上處於中立的組織，甚至自衛隊曾自我主張自身是反共實踐的裝置。例如，也有這樣的主張，「在政權向社會黨爲首的左翼政權轉化時，對此作爲國民的意志並不是順從地接受的。因爲自衛隊是現有的自民黨爲中心的政權、即處於議會制民主主義政權的前提下編成的，假定出現政權轉化的情況下，會有許多人不願爲其效力而離去的吧」（《軍事研究》1989 年 11 月號・增岡鼎論文）。其中透露了反共思想。只承認自民黨政權這一認識本身，就是極大地背離了開放的國家中軍隊保持中立這一基本態度。

特別是在裕仁天皇葬禮後，自衛隊官兵中天皇的追崇者們心中長期壓制的情感一下子噴發出來。本來自衛隊就具有捍衛現體制（守護體制）的國家暴力裝置這一性質，但在天皇葬禮後好像表現出比以往更爲強烈的自覺意識。根據原統一幕僚會議議長栗棲及增原東部方面總監增岡等自衛隊制服組高級將校的發言來推斷，自衛隊中大多數現役高級將官和中層骨幹都抱有類似的天皇觀，毫無疑問他們自覺地認爲，自衛隊的「使命」就是捍衛保守體制。

以此來看，此次田母神問題的出現有著深刻的背景、也是極其嚴重的問題。日本負有建設戰後和平國家、和平社會的國際責任，即使從這一觀點來看，對田母神及其類似的主張也是不容置之不理和忽視的。

自立和一體化的並行

自 1995 年開始，向伊拉克派遣自衛隊前後，加速推進了強化日美同盟路線，日美同盟進入了新的階段。日美兩軍開始合爲一體共同作戰，整備了共同的軍事運營體制。在這一意義上，自衛隊已經名副其實地起到了「軍隊」的作用。

在這一過程中，脫離文民統制的傾向愈加顯著。比如 2004 年 6 月 16 日，在（當時）防衛廳長官石破茂以及防衛廳內部部局成員及統一幕僚會議議長為首的自衛隊制服組幹部出席的會議上，（當時）海上幕僚長古莊幸一明示了題爲「向統一運營體制轉變時期的長官輔助體制」的檔，發生了要求重新考慮防衛廳內部部局統一管理制服組的日本型文民統制（文官統治）的事件。也就是，要求制服組脫離防衛廳內部部局的管制，在某種程度上應該給制服組一定的自由裁量權。

具體來說就是想要確立一種制服組可以向最高統帥的內閣總理大臣直接呈報意見的制度，防衛廳內部部局的領導和制服組的領導不是管制與從屬的關係，應該是具有平等許可權的對等關係。對於自衛隊來說，其眞實意圖是想要減少阻礙自由參與和美國共同作戰的因素，積極推進海外日美聯合作戰行動。

但是，對自衛隊制服組的意圖起著阻礙作用的是憲法第九條、是戰前軍隊施行了侵略戰爭這一歷史認識。在他們看來，不從這一「禁錮」中解脫出來，就不能實現「自由派兵」和「國際貢獻」。因此，已經無法繼續忍受「禁錮」，想極力擺脫這一束縛。

是宣揚「國際貢獻」的實際成果，在實現改正憲法之前一直耐心等待呢？還是積極宣講憲法解體論和否定侵略戰爭論，儘早實現中間突破達成目標呢？對此，自衛隊制服組中存在著不同的看法。可以肯定地說，制服組的核心是確切無疑的日美協調派（=強化日美軍事同盟派），而另一方面，事實上在自衛隊內，也存在一些反對從屬美國的自主派。

政府向海外派遣自衛隊，但事實上在向「戰鬥地域」派兵時，自衛隊不是作爲美國的「雇傭軍」，而是冠以「國際貢獻」和「消除恐怖」的美名，是在「保衛日本國家」這一大義名份之下派兵的，這一解釋說明提高了自衛隊官兵計程車氣。同樣，這與爲穩定被派遣的自衛隊官兵的軍心打出靖國神社一樣，在某些方面有著相同之處。在這一點上，存在著與戰前同樣性質的國防民族主義，同時，事實上以國防民族主義爲前提的日美共同軍事行動，在某種意義上來說又是矛盾的。

原航空幕僚長田母神的言行遭到了美國的反對，也許使美方產生了警戒之心，但是可以說又暴露出了爲了發展日本的武裝，只有求助於國防民族主義別無其他選擇的這種矛盾。對於他們來說，必須重新評價日本過去的戰爭是「善意的國防民族主義」支持下的「正義戰爭」。不管田母神自身意識如何，作爲一名「自主國防派」的高級將官，其本人爲發展日本的軍事武裝採取了積極自覺的行動，「田母神論文」，一邊否定侵略戰爭，同時強調與舊軍隊的連續性，並主張修改否定舊軍隊歷史的現行憲法。其目的是，修改憲法使自衛隊躍升爲國防軍。最終達到重新考慮日美安保，在自主國防的方針下實現脫離美國，由此要大力提高自衛隊員計程車氣，同時向全體日本國民灌輸「國防意識」思想。即使並不是所有自衛隊高級將官都抱有這樣的認識，但是目前自衛隊在發展軍事方面處於日美共同體制和國防民族主義同時並存的狀態。

爲什麼時值今日，像「田母神論文」所主張的日本沒有侵略亞洲這一荒唐的歷史否定論依舊反覆重演呢？我們決不能無視和放任這種荒唐的言論，重要的是必須認眞追究其深刻的背景。在任何時候，都不能容許歪曲和否定歷史，要眞誠面對歷史事實。

「田母神論文」出現的背景與日美安保有關。以冷戰結構爲前提的日美安保，不僅是日美經濟軍事同盟，同時，事實上也使日本逃避了戰爭責任、將日本對亞洲侵略的歷史事實擱置起來。我們必須自覺地認識到日美安保是導致歷史否定論重演的一大因素。到目前爲止，日本沒有與過去侵略過的各亞洲國家和解的主要原因在於日美安保。日美安保在日本和亞洲諸國之間形成了一道障礙，正因爲這一障礙，日本得以逃避了侵略亞洲的戰爭責任。我認爲首先必須要確認這一點。

政治、憲法和自衛隊

日本國的憲法規定不容許保有軍隊。遵照憲法這一原則，日本不能保存軍隊組織，因此應該沒有必要擔心文民統制（文民對軍隊實施的統治）。但是，事實上，日本擁有約 24 萬名陸海空官兵的名曰自衛隊的軍隊。不管怎樣，確實存在的這一武力集團必須置於文民統制、監視之下。因此，建立健全文民統制制度是不可缺少的。

我們必須強化文民統制的機能，重新對民主主義和軍隊共存的是非問題加以討論。日本眞的有必要保有自衛隊嗎？假如說有必要的話，那麼必須探討需要什麼樣的組織？需要多大規模的軍事力量？但是，可以說現在的文民統制陷入功能不彰的狀態，這麼說並非言過其實。其原因並不僅僅是因爲自衛隊制服組對文民政府的「反抗」。更確實地說，是統治自衛隊制服組的文民（=政治人物和一般市民）方面潛伏著重大的問題。

自民黨衆議員、曾歷任防衛廳長官、防衛大臣等要職的石破茂，在 2003 年（平成 15 年）任防衛廳長官時召開的一次自衛隊高級幹部會議上訓示道，自衛官就有關政治問題「陳述意見是權利、是義務」。前航空自衛隊幕僚長田母神領會遵從了這一訓示，在自衛隊內部雜誌上寫道，陳述意見「因爲是義務，意識到問題而不發表意見的話，就是不履行義務」。並且還說，「栗棲發言（栗棲弘臣，曾任陸上幕僚長），當時說的話成了問題，但是今後不說會是問題」。

石破長官（當時）的這一訓示，不禁令人想起戰前促成軍部向政治介入的「南次郎（1874-1955 年）的訓示」。當時擔任陸軍大臣的南次郎於 1931（昭和 6 年）年 8 月 4 日在軍部司令官、師團長會議上訓示道，爲了積極解決滿蒙（滿州・蒙古）問題，軍人有必要參與政治。在此之前，要求軍人保持政治中立，但是以南的訓示爲契機，軍部公然介入政治。滿州事變，是這一年 9 月 18 日駐紮柳條湖的關東軍策劃而引發的，這應該留存在人們的記憶中吧。

另外再舉一例。2004 年 6 月 16 日，在防衛廳長官和防衛廳內部部局幹部、以及統一幕僚會議議長爲首的制服組幹部出席的會議上，海上幕僚長古莊幸一（當時）提出重新考慮文官對制服組的統治（文官統治）時，石破防衛廳長官（當時）回答道「有必要研討」，對海軍幕僚長的建議表示了積極的肯定。

隨著東西冷戰體制崩潰，自衛隊所假定的敵對國消失了，但是之後，自衛隊參加柬埔寨以及東帝汶的聯合國維持和平活動，向印度洋以及伊拉克派兵等積累了一些「實績」，在強化日美同盟的政治中，自覺地認識到自身的作用，增強了發言力。這期間，橋本龍太郎內閣對日美安保重新定義，開始充分發揮自衛隊的作用。在此之前，根據「事務調整訓令」，禁止自衛隊制服組與國會議員以及其他省廳官員的聯絡交往，橋本內閣廢止了這一訓令，從而導致了制服組和政治人物接觸的機會增大。進而，2001 年 9 月 11 日美國「同時多發恐怖事件」之後，以協助美國擔負「對抗恐怖的戰爭」的部分任務爲正當理由，自衛隊參與政治的機會遽然增大。

本來，按照防衛省內部部局的立場應該對制服組加以控制，可是由於前防衛事務次官守屋武昌的瀆職事件，出現了管理上的漏洞和空隙，在此情況下出現了田母神的問題。在這些各種因素相互牽連交錯中，可以看出，自衛隊制服組公開表明政治主張，想要瓦解文民統制。根據現在正在研討中的防衛省的改革方案，直接輔佐防衛大臣的職位不僅任用文官也啓用武官。也就是說，由政治人物的意志決定選用文官和武官，兩者處於同等地位。如果這一方案實現的話，文官、文民對武官的統治所意味的文民統制將進一步形同虛設。再進一步說，就是意味著武官對政治介入的制度化。近年來，政治人物和官僚的領導能力明顯「劣化」。不僅是防衛省的官僚，退休金問題等政府官僚的違法瀆職行爲等有目共睹令人憤慨。在這種狀態下，武官想要乘機進入政治舞臺，如果對此容忍放任的話將是十分危險的。

通過上述的自衛隊和政治人物的關係來看，令人感到以「昭和」初期的二十年爲原型的「日本帝國」，經過「平成」時期的二十年在重新復活。對此，我們不能只是感到驚恐不安或漠然旁觀，爲了承擔應盡的戰爭責任和歷史責任自己能夠做些什麼呢？現在正是需要我們再次捫心自問的時候了。這也正是貫穿於本書的課題。

【第一章】

帝國的天皇和象徵的天皇

——「聖斷」論和天皇的免責

「切斷論」和「連續論」

戰後，日本人以爲以戰敗（終戰）爲界限，將戰前和戰後分隔開了。有些人認爲由於戰前戰後分斷開了，爲開始新的戰後做好了準備。這是所謂的「切斷論」。在此又存在著多種認識。例如，其一是，不再重覆卑劣的軍國主義時代，汲取過去的教訓和對未來的憧憬混雜在一起。超越痛苦的戰爭經歷，努力與過去訣別。與此相反，另一種「切斷論」的認識是並不全面否定戰前，面對戰敗這一現實，有種負疚感，想要從這一負疚感中擺脫出來而主張「切斷論」。

那麼這是否就是戰後一般的日本人共同的認識呢？其實並非如此。這種認識可以說是想逃避戰爭這一歷史事實的消極的感情。與此相反，也有很多人認爲戰前和戰後只不過是以戰敗爲界線加以區分的，戰前和戰後是連續著的。也就是說，只是戰爭這一歷史事實結束了，而以天皇制爲中心的日本這一國家的形態和本質是沒有改變的。

由於戰爭，的確從表面上看日本國以及日本人也許發生了一些變化，但是核心的部分沒有任何改變。天皇制從專制主義天皇制變爲象徵天皇制，實行了「天皇制的民主化」，這是難於否定的。但是，過去的太陽旗及＜君之代＞，現在都已經通過法律定爲日本的「國旗」、「國歌」。

現在已經很少見了，但在戰敗後不久，各家的壁龕裡裝飾著天皇的「御眞影」（玉照）是極其普遍的現象。即是現在，象徵天皇的「菊花徽章」仍保留在日本護照的封面上等。和日本同樣成爲戰敗國的義大利和德國，戰敗後都改寫了國歌和改變了國旗，與此相比，有一種主張認爲，日本沒有因戰敗對戰前進行全面否定。這是說明戰後日本人的「連續論」的有利論據。

總之，持有「連續論」這種認識的人，不接受亞洲太平洋戰爭是「戰敗」這一結論，而是將其視爲「終戰」或者「戰鬥的終結」，以這種中立的態度表示對戰敗的理解。此外，即使自己內心承認是侵略戰爭，但是認爲戰爭的發起是合理和正當的，是崇高的行爲。他們反覆主張，向美國投降是事實，但是那並不能詆毀正當而崇高的戰爭目的，日本的戰爭行爲應該受到國內外的稱頌。即所謂的「大東亞戰爭肯定論」。

2008 年 11 月卸任的航空自衛隊幕僚長田母神就是持有這種觀點的人，而現在這樣的人決不是少數。引起最大爭議的靖國神社參拜問題引發了歷史認識問題，而像上述的各種奇談怪論是通過各種形式精心裝扮出現的。在此，似乎可以看出其隱晦的政治意圖，即對戰後民主主義進行全面的否定和批判，想要改變戰後的政治體制。表面上採取爲了否定戰後從而肯定戰前這一形式，實際上，強烈希望將戰後的日本完全回歸到戰前。但是，現代日本社會戰後出生的人達 7 成，即使是稱讚回歸戰前志向的民族主義者想要「創造（再創造）新的戰前」，畢竟是枉費心機、是絕對行不通的。儘管如此，在目前越來越多的人對政治漠不關心的現狀下，爲了想要創造新的戰前，究竟需要什麼、需要做哪方面的準備——實際上抱有回歸戰前想法的人也並沒有確實可行的方式。

保留天皇制引發的問題

實際上，我本人也持有「連續論」的觀點。但是，與上述的「連續論」截然不同。最主要的是，我堅持的「連續論」堅決反對想要創造新的戰前的意圖，因爲無論是復權還是回歸戰前，如果這種復舊意圖得逞的話，就勢必重蹈覆轍、再次陷入戰爭這一暴力國家的歧途。侵略戰爭所施行的種種殘暴的加害行爲，直到今日也不能消除戰前日本的國家體制，這主要有以下理由。

第一，因爲存在著天皇制。正因爲有天皇制，戰前國家體制（「國體」）變換了形式，在戰後繼續保存了下來。之所以會有如此結果，是由於天皇的決斷（即所謂的「聖斷」）這一高度的政治戰略的功勞宣告了「終戰」。「聖斷」不僅僅繼續保留了天皇制，而且也保留了天皇制國家固有的思維方式和組織（特別是官僚組織），這些都原封不動地帶到了戰後。因此，最終岸信介所代表的戰前的高級官僚、閣僚得以復權。從這一意義上可以說，「聖斷」起到了連接戰前戰後的橋樑作用。

第二，裕仁天皇以及陸海軍軍人指導了那場侵略戰爭，而發動這場戰爭並不是通過由國民的意志來選舉決定的。所以，這場戰爭成了國民缺席決定的戰爭。因此，在國民之間缺少戰敗責任以及對承擔戰爭責任的自覺意識。國民與這場戰爭的關係，往往認爲是「被害者」、「受了欺騙」這種缺少主體的表現，對此，在遭受日本侵略的各亞洲國家以及日本殖民地地區的人民看來，日本人根本不能坦誠地看待自身是加害者這一事實。明治憲法下的「臣民」只有遵從天皇之命這一辯解，也並不能解脫自身是加害者的歷史事實。

第三，由於「聖斷」免除了裕仁天皇的戰爭責任。戰後向日本人究明誰應對這場戰爭負責，弄清楚侵略戰爭的責任主體是極其重要的。否則，就不會開始眞正意義上的新的啓程。但是，由於「聖斷」使戰爭的責任問題變得曖昧，本來天皇應該是最主要的戰爭責任者，反倒成了最大的和平貢獻者，成了正反顚倒的一百八十度的大轉換。並且，戰後一貫強化「和平主義天皇」的虛像，甚至促發了人們對日本戰前時期的懷戀。靖國神社則是其中一個方面，是提倡對「神道之國」日本的憧憬。對這些問題，如果不能正視和論述的話，日本人就難以從戰前狀況中解脫出來。

明治國家的政治體系

那麼「聖斷」究竟是什麼呢？聖斷與戰前國家（=明治國家）的體制結構有著密切的關係。所謂戰前國家，就是天皇至高無上，軍部、議會、官僚等各個機構，並行分擔一定權力的分權體制。也就是說，是權力分化的多元聯合統治的國家。而在分權體制、多元聯合統治的結構中，由於各種權力之間爲維護和擴大各自利益、不斷相互對立和妥協，常常出現政治混亂的狀態，不斷出台一些自相矛盾、缺乏戰略的國家策略。如果想要確立統一的、一元化的國家戰略，凌駕於諸權力之上的「大權」保持者天皇開始發揮了主要的作用。

明治憲法的策劃制定者伊藤博文（1841-1909 年），認識到了這種國家結構的特徵和弱點。正因如此，他提到，在日本面臨存亡危機之時，「有必要通過詔書（天皇的文書）明示聖斷」（信夫清三郎《聖斷的政治學》勁草書房，1992年），基於明治憲法體制的分權制，通過「聖斷」能夠協調各個權力機構以及決定國家戰略方針。不言而喻，天皇是戰前國家的最高權力者，掌握最終決斷的權力，一個政治機關以及一個政治體制是天皇制的基礎。伊藤博文採用了各種相互競爭的權力結構中保持天皇制統治國家體制（=國體）的形式。

明治憲法制度下，天皇平時作爲立憲君主，按大日本帝國憲法（明治憲法）的條文規定施政，有事（戰時）之時，則作爲絕對君主，而有時甚至超越明治憲法採取對應決策。也就是說明治憲法制度下的天皇，一方面阻止了因分權體制而使天皇以外各權力的膨脹，另一方面，由於分權體制導致國家方針缺乏統一的決策力，通過「聖斷」得以強化補充。換句話說就是，按照不同的情況，分別使用平時立憲的天皇制和戰時絕對的天皇制，從而更加有效地營運天皇制國家。事實上，在二・二六事件（1936年2月）以及決定日美開戰（1941年9月）、宣佈戰敗（1945年8月）時，裕仁天皇通過「聖斷」下達了最終決定，成功地消除了各權力間的對立、角逐。

「聖斷」導致戰後的「戰前化」

戰後的「戰前化」究竟是怎樣形成的呢？

啓動「聖斷」政治體制的是「御前會議」，「御前會議」並不是立法機構。「御前會議」是天皇出席召開的。通常是事前與會者之間確認議事內容和議程，結論也是基本上事前準備好，徵得天皇同意之後召開的。但是，在決定戰敗的過程中，與會者之間事前沒有充分取得彼此溝通，最終正如文字所示採取了天皇「聖斷」的形式。但是，雖然是採取了全權委託天皇的形式，毫無疑問，實際上是由內大臣（具有政治發言力的大臣）爲中心的天皇的親信與天皇之間基本達成同意之後做出的「聖斷」。問題是，對混沌未決的議案利用把握「大權」的天皇做出「聖斷」這一政治體制來解決。也就是說，以內大臣爲中心的天皇的親信，從政治上頗具用心地充分利用了「聖斷」的政治效果和天皇的權威。

下面來看一下通過「聖斷」宣佈戰敗接受投降的過程。在戰敗的那一年、1945 年 7 月 26 日，中、美、英三國在波茨坦會議過程中發表了包括 13 項內容的《中美英三國促令日本投降之波茨坦公告》（通稱波茨坦宣言），要求日本投降。在波茨坦宣言中，針對天皇的處置並沒有明確的條款，其中提到，基本上按照「日本人民自由表示之意志成立一傾向和平及負責之政府」。天皇及其親信從這句話中意識到維護天皇制統治國家（=守護「國體」）是不可能的，對接受波茨坦宣言表示拒絕或躊躇。鈴木貫太郎（1867-1948 年）首相在記者會見時拒絕接受宣言，表現出了向拒絕接受宣言的急先鋒——陸軍主戰派妥協的態度。另一方面，裕仁天皇對蘇聯居間進行和平交涉抱有一線希望。

波茨坦宣言，不是以對日本進行報復爲前提的，例如，第四項中提到戰爭的原因，對於「由於輕率的企圖導致日本帝國陷入滅亡深淵的軍國主義倡導者」的戰爭指導者，追究其戰爭責任，依照此情況，戰後由日本國民自己判斷，切斷「軍國主義的倡導者」實行的統治，關係到「日本國是否應該選擇理性道路，這一決定性的時期到來了」，日本國和日本人民自己當家作主，期待著建設民主政治。也就是說，波茨坦宣言可以說是促進日本戰後實現和平的指導性的宣言。正因如此，天皇身邊的智囊團沒有能接受這一波茨坦宣言的內容。他們擔心的是，那將會導致軍國主義體制的解體，如果建設民主主義體制的話，守護「國體」將會是困難的。接受波茨坦宣言之前的裕仁天皇說「還是把伊勢和熱田的神器移到自己身邊做護身符最好」（木戶幸一《木戶幸一日記》下卷，昭和20年7月31日，東京大學出版會，1966 年），親自困守在長野縣松代的大本營、表明了堅持徹底抗戰的態度。

但是，8月6日和9日美國在廣島、長崎投下兩顆原子彈，接著9日蘇聯參戰，裕仁天皇及其身邊親信動搖了。天皇及其親信唯恐由於蘇聯參戰、國際共產主義的滲透以及國內共產主義革命的發展，迅速轉向了接受波茨坦宣言的態度。如果拒絕接受要求日本無條件投降的波茨坦宣言的話，至今對守護「國體」猶抱有的一線希望，甚至也不得不放棄。同時，通過接受波茨坦宣言，阻止蘇聯共產主義的滲透和影響，就能爭取維護「國體」基礎的天皇制權力及各機構，出於上述考慮最終開始做出了接受宣言爲上策的判斷。

戰敗和「聖斷」

採取「聖斷」方式的建議最初是誰提出來的呢？現在可以確認的是，前外相重光葵（1887-1957 年）提出的「此時不是依靠對軍部缺少控制力的政府，而是由陛下直接做出相應的決斷」（「重光文書和平的探求之三」外務省編《終戰史錄4》）這一建議。重光主張，通過天皇的決斷、即「聖斷」，抑制戰爭繼續派（特別是陸軍主戰派），以接受波茨坦宣言結束戰爭，探索守護「國體」的途徑是盡力之所能及的選擇。

重光葵與直到最後沒有下決心接受宣言的裕仁天皇及內大臣木戶幸一（1889-1977 年）持有不同的看法，除了重光以外，近衛文麿（1891-1945 年）、細川護貞（1912-2005 年，近衛內閣首相的秘書，其長子細川護熙就任第 79 代首相）、再加上裕仁天皇的弟弟高松宮宣仁（1905-1987 年）等當時一直被置於政治指導部圈外的皇道派，也都主張和建議採取「聖斷」作爲守護「國體」的最後手段。其中，高松宮是最早主張通過「聖斷」方式結束戰爭的人之一。

高松宮在戰敗前一年（1944 年）的 9 月 18 日，提到「結束戰爭的著眼點在於守護國體。玉碎則不能守護國體。而即使玉碎也不能連婦女兒童也置之不顧」（伊藤隆編《高木蒽吉日記和情報》下卷，2000 年），主張結束戰爭的目的在於「守護國體」，否定陸軍主戰派等提倡的「玉碎主義」。進而，近衛文麿在戰敗前的 1945 年 2 月 14 日謁見天皇，即有名的「近衛上奏」。其上奏的內容是，「戰敗令人遺憾，但已經無法避免。此下恕直言，戰敗是我國體的一大瑕疵，但是英美的輿論尚未觸及我國體的變革，因此只是接受戰敗，國體方面不必要擔憂」（細川護貞《細川日記》昭和 20 年 3 月 4 日，中央公論社，1978 年），這也是爲了絕對地優先守護「國體」，有必要接受「戰敗」的建議。

在守護「國體」這一點上，無論是從陸軍主戰派堅持的戰爭繼續論來看，還是高松宮以及近衛等所代表的皇道派堅持的戰爭結束論來看，兩者是完全一致的。只不過實現守護「國體」的方式有所不同，前者是堅持通過繼續戰爭取得勝利來實現，而後者則是通過接受戰敗以努力守護「國體」。在圍繞波茨坦宣言條文的解釋，兩者爭執不休的情況下，近衛以及高松等果斷地向傾向於繼續戰爭的天皇進言，爭取天皇對接受戰敗換取守護「國體」這一政治判斷的理解。

例如，對於繼續戰爭依舊不改口的天皇，近衛在會見天皇時進言道，「如果不結束戰爭的話會有國內赤化、共產化的危險」（同前《高木蒽吉日記和情報》下卷「近衛公爵口述記錄」1945 年 5 月 13 日），用近似恐嚇的表現迫使天皇回心轉意。裕仁天皇最信賴的內大臣木戶幸一是地道的繼續戰爭派，近衛等所持有的這種強硬的態度，致使裕仁天皇最信賴的內大臣木戶幸一也向天皇進言道：「懇請天皇陛下做出果敢的決斷，相信只有採取『左』的方針才可順利收拾戰局」。由此提出了「果敢的決斷」（=聖斷的腳本）。

由近衛和高松宮設計構想，木戶進行了具體策劃以迫使裕仁天皇做出聖斷，主要出於兩個目的。第一，從陸軍主戰派那裡收回戰爭的主導權，確保皇道派的實權。第二，即使出現戰敗局勢，無論如何也要避免體制（天皇制統治的國家體制=「國體」）崩潰的危機。其結果就是，重新建立以皇道派爲中心的戰後權力體制。事實上，由於戰敗，以陸軍主戰派爲核心的軍部的權勢崩潰了，但是軍部以外的諸勢力，在權力至高無上的天皇下達了超越憲法的決斷——「聖斷」的庇護下保存了下來。通過「聖斷」得以倖存下來的戰前諸勢力改換新裝，作爲戰後保守勢力復活，把握著戰後日本的政治。

按照新憲法規定，天皇不參與政治。但是，天皇的存在依然時常左右著日本人的精神。戰後保守勢力強調天皇的權威和對天皇的親和力。根本上還是由於採取「聖斷」宣佈戰敗這一歷史事實。也就是說，「聖斷」起到了連接戰前和戰後的橋樑的作用。由於戰後的保守勢力是在「聖斷」的庇護下保存發展起來的，因此，可以斷言追究裕仁天皇的戰爭責任以及侵略責任是根本不可能的。明治以後的天皇一貫充當了近代日本戰爭的統帥，但是，如果將裕仁天皇視爲戰爭發動者、是亞洲諸國人民的加害者的話，那麼受到天皇制保護的戰後保守勢力本身也要負有戰爭責任、並將持續遭受指責和批判。因此，將裕仁天皇譽爲亞洲的解放者，是使大日本帝國躍居爲亞洲「頭等國」的最大的、唯一的功臣，直到如今依然一直堅持這種歷史認識。

正因如此，形式上的謝罪行爲另當別論，戰後保守勢力一貫從根本上拒絕戰爭責任和加害責任。如果不能夠從正面剖析「聖斷」的虛構性及其政治作用，根據歷史事實對其加以否定的話，那麼戰後保守勢力也將不會坦誠地反省戰爭責任的吧。

「終戰詔書」

1945 年 8 月 14 日下午 10 點半開始，在宮中與閣僚一起召開了戰爭最高指導聯合會議——「御前會議」，在此會議上，鈴木貫太郎首相上奏了「聖斷」，以答覆此上奏的形式，裕仁天皇明示道「有關國體敵方也會予以認可，沒有絲毫不安」（原書房編輯部編《戰敗的記錄》原書房，1967 年）。之後，內閣會議上採取接受「御前會議」的「聖斷」的形式，正式決定同意接受波茨坦宣言、宣佈向同盟國投降。並且，爲了向內外宣佈結束戰爭，寫了「詔書」，當天下午 11 點半天皇親唸「詔書」，進行了錄音。在第二天中午播放，即所謂的「日本昭和天皇親自在廣播裡做的演講」（1945 年 8 月 15 日宣佈無條件投降）。從中，能夠透露出編造「聖斷」腳本的皇道派的態度，同時唸誦「詔書」的裕仁天皇缺少戰爭認識和戰爭責任意識也如實地表露出來。

〈詔書〉（原文使用的是片假名，舊字舊假名）

朕深鑒於世界大勢及帝國之現狀，欲採取非常之措施，收拾時局，茲告爾等臣民：朕已飭令帝國政府通告美、英、中、蘇四國，願接受其聯合公告。

蓋謀求帝國臣民之康寧，同享萬邦公榮之樂，斯乃皇祖皇宗之遺範，亦為朕所眷眷不忘者。前者，帝國之所以向美、英兩國宣戰，實亦為希求帝國之自存於東亞之安定而出此，至如排斥他國之主權，侵犯他國之領土，固非朕之本志。然交戰已閱四載，雖陸海將兵勇敢善戰，百官有司勵精圖治，一億眾庶克己奉公，各盡所能，而戰局並未好轉，世界大勢亦不利於我。加之，敵方最近使用殘酷之炸彈，頻殺無辜，慘害所及，實難逆料。如仍繼續作戰，則不僅導致我民族之滅亡，並將破壞人類之文明。如此，則朕將何以保全億兆赤子，陳謝於皇祖皇宗之神靈乎！

此朕所以飭帝國政府接受聯合公告者也。

朕對於始終與帝國同為東亞解放而努力之諸盟邦，不得不深表遺憾；念及帝國臣民之死於戰陣，殉於職守，斃於非命者及其遺屬，則五臟為之俱裂；至於負戰傷，蒙戰禍，失家業者之生計，亦朕所深為軫念者也。今後帝國所受之苦固非尋常，朕亦深知爾等臣民之衷情，然時運之所趨，朕欲忍所難忍，耐所難耐，以為萬世之太平。

此朕所以飭帝國政府接受聯合公告者也。朕於茲得以維護國體，信倚爾等忠良臣民之赤誠，並常與爾等臣民同在。若夫為情所激，妄滋事端，或者同胞互相排擠，擾亂時局，因而迷誤大道，失信義於世界，此朕所深戒。宜舉國一致，子孫相傳，確信神州之不滅。念任重而道遠，傾全力於將來之建設，篤守道義，堅定志操，誓必發揚國體之精華，不致落後於世界之進化。望爾等臣民善體朕意。

〈詔書〉最初所說的「採取非常措施收拾時局」的結果，指的是「聖斷」，提及結束戰爭的原因時，說明「戰局並未好轉」，到底沒有承認日本戰敗了這一事實。不僅如此，由於敵方投放的「殘酷之炸彈」（指原子彈），造成大量的死傷，如果戰爭繼續下去的話，恐怕不僅會導致日本民族之滅亡、並將破壞人類之文明，因此，由「聖斷」拯救一切。也就是說，對爲什麼投放原子彈的原因和背景一概閉口不論，而只是曖昧地暗示投放原子彈的責任，沒有正視導致投放原子彈的國家指導者的罪過。

並且，關於對這場戰爭的認識，說是爲了「爭取帝國臣民的康寧實現萬邦共榮」，以及「帝國的發展和東亞的安定」。而由於侵略戰爭和殖民地統治，給朝鮮、中國等亞洲諸國帶來的巨大的生命財產損失，並且也使日本人民飽嘗巨大痛苦的這場戰爭，究竟誰應該對此負有戰爭責任這一問題則被擱置了起來。

不僅如此，將這場戰爭說成是爲了日本自立和亞洲安定，正如是爲了建設「大東亞共榮圈」事業的一環。在詔書中完全沒有使用投降二字，完全看不到侵略的事實、戰敗的結果以及深刻的反省。而且由「聖斷」結束戰爭所意味的是，「朕於茲得以維護國體，信倚爾等忠良臣民之赤誠」，相信「神州不滅」重新進行國家建設。即使到如此境地，依然是將「守護國家」、「神州不滅」視爲金科玉律。結束戰爭，天皇制國家的一大事業暫時終止了，但是「臣民的赤誠」，也就是靠著日本國民對天皇的忠誠心，重新實現至今一直追求的目標，以此作了全文的歸納。

就這樣，隱蔽了接受波茨坦宣言、無條件投降的事實，並將戰爭指導、政治指導的最高責任者天皇的責任變得模糊曖昧了。在「終戰詔書」中，巧妙地編排了保存天皇制的新的腳本。同時，採用了天皇親自面向國民宣讀詔書的形式，在因戰爭危害和戰敗的打擊陷入極大混亂的大部分國民中，產生了免除天皇戰爭責任的心理效果。這一效果，與東條英機等 7 名甲級戰犯被處以絞刑形成了對比，更加鮮明地釀成了裕仁天皇的免責論。也就是說，通過維護天皇制，戰後保守勢力得以復活、復權，爲此，「聖斷」起到了決定性的作用。

「聖斷神話」的形成

由「聖斷」決定了結束亞洲太平洋戰爭，對此需要提出幾個重要的問題。首先就是根據天皇的意願開始了日美戰爭，結束了亞洲太平洋戰爭。換句話說就是，只有通過超越舊憲法規制的「聖斷」這一形式才得以結束戰爭。針對國家緊急事態，國會和內閣或者巨大的官僚機構，都不能發揮任何有效的機能，只能依賴於天皇的權威，究其原因就在於明治國家的分權體制這一弱點。也就是說爲了克服國家的弱點，進而爲了超越非常事態，增加天皇掌握的大權，即只有天皇這一超越憲法的權威才可能應對。

由於戰敗本來應該解體的指導戰爭的主體，以自身的復活爲目的，即通過進行所謂的「自我變革」，成功地維持了戰前的權力。由此，通過解體軍事組織和全面修訂憲法等政治變革，天皇制以新的形式保存了下來。誠然，由於戰敗，天皇的統帥權等政治權力喪失了，但是可以說天皇的權威反而由於「聖斷」而得到了進一步的強化。可是，由於「聖斷」決定開戰，並決定了戰爭的結束，使得亞洲太平洋戰爭的戰爭責任變得曖昧，同時也使發動戰爭行爲的國家意志變得不明確，這一點是極大的問題。

總之，「聖斷」不僅將天皇的戰爭責任擱置起來，而且在將天皇制的體系轉移到戰後新體制上起到了重大的作用。在此過程中，不再責問天皇的戰爭指導責任，天皇制本身得以保留下來。因「聖斷」而變身爲「和平」天皇，事實上，戰後保守勢力在其重新組織強化的過程中，對這一「象徵」形式的新天皇加以利用。

在這一意義上來說，在將天皇「象徵」化的背景中摻雜有各種政治上的考慮。首先是要使內外認爲裕仁天皇或者近代天皇制與政治無關，由此，完全消除天皇是戰爭責任的主體或者使其變得曖昧。因爲對於與政治無關、只是象徵性的天皇是不能追究戰爭責任及其連帶責任的。也就是說，製造了這麼一種印象，因裕仁天皇不是戰爭責任者，所以有資格和條件擔當「聖斷」的主角。對不追究實施戰爭的陸海軍統帥天皇的責任，「聖斷」起到了最重要的作用。戰後，對天皇以及天皇制重新定義，可以說通過「聖斷」打開了迴避戰爭責任的通道。

的確，從常識來看，責任者不能追究自身的責任，對自己進行裁判。保守勢力利用這種「常識」。戰後，流傳著許多「和平天皇」論，形成了由於「聖斷」帶來了「和平」，將「日本國民」從戰爭的慘禍中拯救出來的這種「聖斷神話」。爲了使這種「聖斷神話」成立，大肆宣揚和強調作爲立憲君主的天皇，而將絕對權力體制的一面掩蓋起來。在當時的媒體廣爲傳播這種編造的虛幻故事：即使裕仁天皇堅持立憲君主制的原則，東條英機、梅津美治郎（1882-1949 年，甲級戰犯）等陸軍主戰派也會蠻橫地推動亞洲太平洋戰爭，所以天皇是出於無奈而決定開戰的，最後採取「聖斷」從陸軍主戰派手中收取了戰爭指導權從而結束了戰爭。

在此，盡力避開了裕仁天皇對東條英機深爲信賴這一事實。在這種「聖斷神話」中，由於裕仁是「和平天皇」，就必須力求淡化裕仁與東條的關係，同時誇大裕仁與米內光政（1880-1948 年）等對立於陸軍主戰派的海軍穩健派的關係，並強調裕仁與近衛及高松等主張以「聖斷」結束戰爭的人的關係。從戰後開始直到如今連續不斷地歪曲歷史的過程中，「聖斷神話」左右了戰後日本人的精神意識。一些在東京裁判中曾被定爲甲級戰犯，並被開除公職的戰前權力者們，之所以能夠恢復公職在政界和官界重新復活，「聖斷」可說起到了一種篩檢程式的作用。可以這麼說，戰前代表惡勢力的權力者及權力機構，通過採用守護「國體」的「聖斷」這一過濾裝置進行沖洗、換上了新裝，戰後又以同樣的面孔再次登場。

掩蓋了日本的侵略責任和戰敗責任

1950 年 9 月 8 日，裕仁天皇在與記者會見時，就記者提出的問題：「日本採取了結束戰爭的決斷，陛下在多大程度上參與了決策？」，天皇回答說「本來這樣的決斷應該是由內閣決定的。聽報告說，在最後的御前會議上達不成一致的結果，所以要我來決定。我按自己的意志做出了決定」（高橋弘編著《裕仁天皇發言錄—大正 9 年—昭和 64 年的眞實》小學館，1989 年）。也就是說，決定結束戰爭是出於天皇自身的意志。

另外，1975 年 9 月 20 日，天皇在回答德國記者伯納德・克里舍（Bernard Krisher）的採訪時，也回答說「終戰時，雖然是按我個人的意志決定的，那時因總理大臣不能收拾形勢，我只是說出了個人的意見。戰爭之前由於是內閣會議決定的，那些決定了的事情，按我個人的意見改變是不可能的，日本有憲法規定，我是遵循了日本的憲法」（伯納德・克里舍《採訪—從天皇到不破哲三》，1976 年）。

在此天皇所強調的是立憲主義天皇制論，也就是所謂天皇受到憲法規定的制約。但是，因爲面臨了國家危機，立憲主義一時被擱置起來，只不過是以「聖斷」的形式決定政策，由此不能追究戰爭期間的戰爭指導責任，當然也就不存在戰爭責任問題。這一論理是天皇免罪論的典型事例。包括裕仁天皇自身發言在內的這些論調：內閣「正式」決定並上奏的內容，即使是天皇原則上也不能否決。其根據是大日本帝國憲法第五條規定「國務各大臣輔佐天皇，盡其職責」。輔佐者=內閣優勢的原則，如文字所示被認爲是立憲主義的理由。

果眞是這樣的嗎？誠然，在此情況下，按照內閣一致的原則，內閣全體成員達成一致意見是不可缺少的，但是，身爲天皇之臣的閣僚，通常是遵循天皇的旨意而上奏的。因此，決不允許與天皇的意願相悖。

由此來看，上奏不過是形式而已，實際上，天皇身邊的親信大臣準備好了一定的結論，上奏只是按照那種結論進行的。即使從接受波茨坦宣言的前後過程來看，天皇最終表示同意接受，據此，內閣上奏了接受文書。也就是說，裕仁天皇的回答，只不過是在講形式論，而實際情況並非如此。

但是，問題是這樣的形式論在戰後的日本社會並不認爲是形式，而確認是眞實的狀況。通過遠東國際軍事裁判（以下，簡稱東京裁判），雖然各同盟國要求嚴厲追究日本的戰爭責任，但是同盟國方面，尤其是美國的主張，事實上包含著重新構築戰後國際秩序的政治意圖。不管怎麼說，免予起訴戰爭最高責任者裕仁天皇這一事實本身，戰後流傳的聖斷論無疑是其最主要的根據。

聖斷論本身的流傳，也許並不是以美國爲中心的同盟國有意造成的，但是由於對裕仁天皇的赦免，不僅使戰爭責任問題變得曖昧，戰後，日本社會理應追究究竟誰是戰爭責任的魁首的問題由此被擱置了起來。不僅此耳，裕仁天皇還被譽爲構築戰後和平最有貢獻的功臣。

戰後天皇制和聖斷論

戰後制定了新憲法，作爲主要的佔領政策，強行凍結了皇室的財產、資產，大大削弱了天皇的政治以及物質等基礎。而另一方面，在新憲法制定的前後，裕仁天皇本身積極參與政治。

新憲法剛剛發布的時候，以「象徵」的用語確定了天皇的地位、身分，也曾極大地限制了天皇的實際作用，天皇自身介入政治十分困難。而另一方面，天皇周邊以及戰後內閣的閣僚們不斷向天皇進行「秘密上奏」，由此想要強化天皇自身的政治權威。這樣一來，天皇也受理「秘密上奏」，企圖使脫離政治的天皇以及天皇制重新復活再生。

開始實施「秘密上奏」的典型事例是當時在片山哲（1887-1978 年）內閣擔任外務大臣的蘆田均（1887-1957 年）的上奏。1947 年 7 月 22 日蘆田得到了「謁見」天皇的機會。在此次會見中，天皇就對蘇外交方針問題，向蘆田表露了自己的看法。那就是，重視日美關係，要與蘇聯保持一定的距離。此後，蘆田外相幾次向天皇秘密上奏。比如，1948 年 8 月 10 日的「謁見」時，裕仁天皇曾問及「有否考慮有必要打擊共產黨？」，對此，蘆田回答道，「我想必須以消滅共產黨爲第一要務」（蘆田均《蘆田均日記》1948 年 8 月 10 日，岩波書店，1986 年）。

在戰後歷代首相中，也有幾位政治人物進行秘密上奏，其中最爲積極的代表人物就是佐藤榮作（1901-1975 年）。從實行秘密上奏的閣僚或者政治人物們來看，他們依然認爲裕仁天皇是保持了戰前權威的君主，這是確定無疑的。正因如此，裕仁天皇即使在「人間宣言」（1946 年 1 月 1 日在各大報刊上刊載的《關於新日本建設之詔書》中，按照盟軍總司令部（GHQ）的指示，否定了將天皇當作神來崇拜）後，又開始有了以「人間天皇」之姿不斷發表政治言說等行爲，毫不顧忌新憲法有關禁止天皇自身參與政治行爲的規定。

之後天皇愈加介入政治問題，其具體事例就是，裕仁天皇要求美軍對沖繩實施長期佔領統治（即所謂的「天皇口信」，1947 年 9 月，裕仁對 GHQ 口頭傳達的「日本天皇對琉球諸島未來的見解」）。另外，對締結日美安保協議表示積極的態度。這種追隨美國和捨棄沖繩的態度是出於天皇自身的政治判斷，間接對政府的決策產生了極大的影響。由此看來，不管天皇自身是否有無意識，從其言行舉動表明了其介入政治的行爲。儘管新憲法中有相應的規制，但是事實上裕仁天皇依然不斷發表政治主張並施加政治上的影響力，之所以如此，是因爲沒有追究天皇的戰爭責任，從而認爲容許天皇繼續一定的政治言行。並且，正是這一認識，成爲聖斷論得以發展和強化的原動力。在此，正如同文字所示，期待「聖斷」在政治舞臺上發揮適宜的作用。

事實上，由於 1945 年 9 月開始的天皇「地方巡遊」，進一步提高了天皇在政治上的威望。地方巡遊，是標榜爲了宣傳「人間宣言」，消除對天皇神化、神聖的崇拜，以在國民心目中樹立新的「天皇形象」而進行的巡遊活動。之所以規劃了這種巡遊活動，有以下的背景。正如正木昊（1896-1975 年。律師，1937 年創辦個人發行雜誌《接近》）在《接近》（弘文堂，1964 年）中所闡明的，所謂亞洲太平洋戰爭，「應該視爲是爲了保衛朕（=天皇）而宣戰，爲了保衛朕而投降」，天皇對過去那場戰爭的發起經過及其本質有自覺的認識。好像是爲了確認「聖斷」的效果，開始計畫了裕仁天皇的地方巡遊，這是爲了保持戰後象徵天皇制的行爲，同時也爲了消除天皇周圍存在的不安和茫然。也就是說，地方巡遊，意外地獲得了良好的反響，並且增加了天皇的親和力。地方巡遊取得的成效，進一步穩固和強化了聖斷論。

但是，正如反覆指出的那樣，本應該追究裕仁天皇的戰爭責任，並由此探討亞洲太平洋戰爭的本質，讓戰後世代通過反省侵略戰爭從中汲取教訓。但是由於上述的聖斷論等原因，剝奪了這種反省過去的機會。可以說，時到今日也依然與戰前同樣，對於追究裕仁天皇的戰爭責任及天皇體制，事實上是嚴格禁忌的行爲。現代媒體對有關天皇的報導一貫是愼重嚴密的管理態度。曾提起過天皇的戰爭責任問題的長崎市長本島等（當時）遭受槍擊事件（1990 年 1 月），此外，在地方議會上，提出有關天皇的戰爭責任問題的議員受到指責以及警告處分等，顯然這種封殺言論的霸道行爲反覆地重演。

針對這種言論封殺行爲，媒體沒有採取堅決的態度，而是袖手旁觀，以不介入的觀望態度而告終。媒體這種對應態度同樣也體現在社會輿論方面，同時在許多保守派政治人物們的天皇觀中表現出來。其中，森喜朗首相（當時）聲稱，「日本是以天皇爲中心的神的國家」，即所謂的「神的國」的發言（2000 年 5 月 15 日）至今令人記憶猶新。現職的首相否定戰後民主主義以人民爲主權者的基本原理，這種極端荒唐的言行，表明了因聖斷論得以保存下來的天皇制和戰後保守政治體制具有表裡一體的關係。

【第二章】

戰時官僚指導的戰後經濟復興

——岸信介再次登場

岸信介再次登場

岸信介是二十世紀 50 年代的政治人物。而在戰前時期，岸作爲高級官僚在「滿州國」顯示了卓越的才幹，在日美開戰時的東條英機內閣擔任副總理級的商工大臣（參與了開戰「詔書」的共同簽名）。但是，隨著戰局惡化暗地裡開始打倒東條內閣的活動，並想及早推出同鄉（山口縣）的陸軍大將（後爲元帥）、擔任南方軍總司令官的寺內壽一（1879-1946 年）接任東條的位置。由於戰敗，岸被定爲甲級戰犯，被免除了公職，但是佔領結束後解除了免職處罰，重返政界，以至登上了首相的最高職位。退職後也被視爲「昭和妖怪」，很長一段時期在自民黨內保持了潛在的影響力。

岸信介作爲跨越戰前和戰後的有實力的政治人物，再次引人注目並不是因岸個人的經歷。更主要的還是因爲二十一世紀初潛在著一種時代的危險、那就是歡迎和接受「岸式的」政治人物和強權政治。日本錯誤地總結戰爭正是這種危險性的起因。日本將「戰敗」表現爲「終戰」，一直不願反省和追究戰敗的責任。正如前章所述的，事實上，由於「聖斷」的神話，以天皇爲首的戰前的權勢並沒有瓦解，戰後也一直保存了下來。天皇提議戰後日本的防衛依存於美國的構想，據此締結了日美安保條約。而主要擔當實施日本安保的戰後保守體制的代表人物正是岸信介。

1960 年 6 月，岸強行延長日美安保條約，主要在於其自身意識到通過實施安保體制這一戰後的「國體」，能夠進一步獲得復權的機會。岸深深感到利用裕仁天皇提出的日美安保體制，維護了自己的政治生命。

岸從五十年代後期到六十年代在「政治的季節」扮演了重要角色，最後以重新修訂安保條約爲政績而退居後方，取而代之的是，迎來了池田勇人（1899-1965年）的「經濟的季節」。從而，在進入高度經濟成長時期後，也就沒有認眞評判岸的功過。

但是，90年代，經歷了泡沫經濟的崩潰和東西冷戰結構的結束。這種政治經濟的巨大變動，再次迎來了政治的季節，至今爲止沒有對「岸式的」政治手法或者說民族主義思想進行認眞的評判和追究，此時，又開始出現了各種各樣的評論和言論。其中代表人物就是岸的外孫、安倍晉三。結果安倍只執政了一年就交出了政權，不過通過評價岸信介的思想和言行，應該能夠展望二十一世紀日本的政治狀況。

重新評價岸，與韓國重新評價前總統朴正熙（1917-1979年）也許有共同之處。朴正熙在「開發獨裁」的體制下大力發展經濟，創造了「漢江奇蹟」、實現了經濟高速成長。由於朴卓越的功績使處於發展中國家的韓國一舉成爲經濟發達國家。到1993年爲止，歷代軍事政權一直繼承了朴正熙的強權政治。但是，後來由於民主化的推進完全否定了朴的政治模式。可是，最近韓國社會顯著向右傾斜，所以，重新評價或者肯定朴的社會輿論繼而高漲起來。

岸信介的總體戰

首先簡要回顧一下岸信介的經歷。岸在東京帝國大學學習期間，學業成績與後來成爲民法學泰斗的我妻榮不相上下，

1920（大正 9）年 7 月，岸進入了政界。但是他就職的既不是精英聚集的大藏省也不是內務省，而是農商務省。乍看上去，以爲岸選擇了經濟官僚之路，但是岸與當時的許多官僚一樣，抱著將來成爲政治人物的野心。原彬久對岸選擇農商務省的理由做了如下的記述：

農商務省與大藏省和內務省不同，因爲是「二流官廳」，「施展能力的舞臺更加寬闊，而這一舞臺是通向政治人物的跳板，對此岸有充分的認識」（《岸信介權勢的政治人物》岩波書店，1995 年）

岸在口頭上並不明確表露沒有選擇去權力中樞的大藏、內務兩省的理由，但是與歐美相比較，對於經濟基礎極其薄弱的日本來說，實現與歐美相匹敵的經濟飛躍正是當務之急，或許也可以認爲岸充滿自信想要擔負這一重任和使命。之後在岸活躍的表現中充分展現其雄心壯志。

岸在學生時代目睹了第一次世界大戰（1914-1918），從而瞭解到了第一次世界大戰是總體戰這樣一種與以往不同的全新的戰爭形態，岸開始認爲，像日本這樣一個經濟基礎脆弱的國家，爲了適應總體戰時代，求得生存和發展，不是靠自由競爭的原理，而是必須確立國家統一的經濟管理體制。岸深受德國產業合理化運動的影響，在濱口雄幸（1870-1931 年）內閣時代，學習引進了德國的產業合理化，進而獲得了實施國家統一管理政策的機會。此時，在蘇聯，1928 年開始實施革命後國家主導的經濟建設，開始推進「第一個五年計劃」並取得了成功。這對於岸等想試行國家控制經濟的官僚以及部分軍事官僚來說是相當大的衝擊。包括日本在內的各資本主義國家，處在經濟不景氣苦苦掙扎的困境時，稱之爲蘇聯「新經濟政策」

（NEP：New Economic Policy）的社會主義經濟的成功，再次令人感到社會主義的威脅，同時，又不免令人產生一種嚮往。

在探索國家主導的適合總體戰的經濟營運的過程中，代表統制經濟派的岸的周圍聚集了一些官僚以及軍事官僚，形成了被稱為「統制派」的集團。這時，岸本來是狂熱的民族主義者，而另一方面對社會主義國家的國家統制經濟表示極大的興趣。在此值得矚目的是，岸身為民族主義者，雖然對社會主義國家抱有懷疑和戒備之心，但為了貫徹國家主義，作為權宜之計，毫不猶豫地借用社會主義經濟體系。對岸來說，他認為社會主義思想不是自己信奉的對象，但為了實現自身的目標是可以選擇的多種方式之一。正因為岸抱有這樣的認識，受到所謂「陸軍統制派」的關注，由此開始了與陸軍主要人物東條英機的聯合。

1936（昭和 11）年 10 月，岸就任「滿州國」國務院實業部總務司長。「滿州國」正是岸構想的國家統制經濟的「實驗場」。當時，任關東軍參謀長的東條英機對岸的國家統制經濟論有極大的興趣，加深了與岸的交往和友誼。東條具有駐外武官的經歷、清醒地認識到第一次世界大戰是作為新的戰爭形態的國家總體戰。另外，日本資源貧乏，為了確保日本在亞洲的霸權必須統括國家的各種力量，只有與市場原理不同的國家統制經濟，才是日本必須採取的唯一道路，東條對此深信不疑。由此，為了實現自身構想的國家總體戰體制，東條認為岸的能力和人際關係是不可缺少的。1937（昭和 11）年，岸就任滿州國產業部次長，由此全力投入「滿州開發五年計劃」的立案和實施，建立「滿州國」「發展」的基礎。

經過日中全面戰爭，不可避免地發展到日美開戰的過程中，1941（昭和 16）年 10 月，東條英機內閣成立後，岸立刻就任東條內閣擔任經濟政策的商工大臣。但是到了東條政權末期，開始認爲岸是脫離「國體」精神的人物。比如，正像細川護貞的《細川日記》（同前）的記述所表明的，「從思想觀點來看對一部分皇道派以及岸一派實行壓制」（1944 年 8 月 14 日），這一時期的岸變爲了反東條的一派。即便不是這樣的話，岸一貫主張社會主義國家的政策，在親東條派看來是抱有背棄「國體」思想的人。

皇道派開始策劃推翻東條內閣，岸開始對東條政權感到失望，並秘密地開始反東條運動。岸突然宣佈退出內閣，事實上起到了分化瓦解東條內閣的作用。毫無疑問，由於戰局惡化，岸已經感到國家總動員體制將要化爲烏有，所以才果斷地採取行動。岸是對政治的變化反應極爲敏感的典型的官僚政治人物。從公開表明推翻東條內閣活動及其對東條英機的態度，即能夠看出岸是玩弄權術的政治人物。岸在會見反東條集團的高木蒽吉海軍少將時，說出了自己的見解，「無論是民間，還是海軍、陸軍中都沒有可以取代東條的人，既然如此，想辦法集結力量全力支持東條」。（同前《高木蒽吉日記和情報》下卷，1944 年 7 月 14 日）。也就是說，岸提出東條後的多樣選擇作爲討論的話題，主要是向高木解釋東條繼續論，而實際上是試圖與反東條集團接近。

在此次與高木會見的 10 天後，岸再次與高木會談時明確表示，作爲「對東條首相的不滿」，「如果能按照總理的設想推進的話則繼續，若不然，我將提議實行內閣總辭職」（同前 1944 年 7 月 16 日）。岸明確表明自己的進退，爲以後獲得政治機會巧妙地準備了出路。同時，岸已經察覺到寄希望於東條英機的國家總動員體制開始顯露或者說已經露出破綻，上述言行是爲了確保戰後生存之路作出的選擇。此時，近衛文麿和岡田啓介（1868-1952 年）所代表的皇道派計畫通過「聖斷」的「終戰工作」使天皇制權力向戰後移轉，岸想藉機通過高木蕙吉與這些皇道派接近。

曾有一個時期岸與皇道派劃清界限，被擬定爲東條英機之後的候補接班人。並且，岸結成了「護國同志會」這一「岸新黨」，被視爲官僚勢力的核心人物受到注目。在戰局惡化的情況下，以岸派、或者「岸新黨」這一形式，贏得周圍的信賴和期待，其主要原因首先是岸自身具有的徹底的國家主義思想，故將岸推崇爲「更加合理的經濟政策」的代表。加之岸在「滿州國」的經營中顯示了經濟管理的實力，而更爲重要的是，認爲岸具有在某種程度上能夠抑制東條英機爲首的陸軍統制派的能力。可以說，岸兼備理性計算國家利益的國家主義者以及國家統制經濟主義者的政績，將各個方面的期待彙集在一起。

但是，此時岸自身並沒有考慮接替東條之位。這時岸已經對「戰前」心灰意懶，而是開始考慮「戰後」，開始醞釀構思創建戰後版的國家統制經濟——換言之就是戰後版的國家總動員體制。爲確保戰後享有這樣的權力地位，盡可能爲推翻東條內閣做出一定的貢獻，與東條英機保持一定「距離」，這或許就是岸的政治判斷吧。由此暴露了其狡猾而又頗具手腕的政治官僚的一面。

「戰時官僚」岸信介

如前所述，用一句話概括來說，岸是狂熱的國家主義者，同時又是統制經濟論者。在濱口雄幸內閣之前的田中義一內閣（1927 年 4 月成立）時期，岸作爲統制經濟論者開始嶄露頭角。田中義一從陸軍大將就任政友會總裁，繼而登上首相的最高地位。即使在陸軍軍人中，田中也是最早開始察覺到第一次世界大戰的戰爭形態向總體戰轉化的人，對此提出建議並付諸實施。第一次世界大戰開始的翌年，任副參謀長的田中解釋說，「這次戰爭，不僅是軍隊和軍艦的戰爭，而是投入整個國家的力量來決定最後勝敗的戰爭，就是國家總體戰」（高倉徹一編《田中義一傳記》下卷，田中義一傳記發行會，1960 年），因而主張要構築能適應國家總體戰的國家體制。

1927 年 5 月，田中政權剛剛成立的第二個月，按照田中的主張，設置了內閣總理管轄下的資源局。該資源局正是掌管運籌總動員資源、擔當中央統轄事務的諮詢機構，是在研究、調查第一次世界大戰各參戰國戰時體制的基礎上創設的組織。這時，祖籍山口（長州）的田中周圍集聚了同鄉勢力，並且與主張侵略中國大陸的強硬派森恪（1882-1932 年），以及國粹主義者、後爲首相的平沼騏一郎等交往密切。

田中與岸具體有多少共同之處，尚未有充分的考證，但是如前所述，濱口雄幸內閣時期開始的名曰產業合理化政策、事實上是國家實施的統制經濟，確切地說與岸自身的觀點極其接近。通過加強基礎產業政策進行國家經濟的徹底改革，從這一意義上來說，戰後的加強生產方式也是與此相接近的。擔當這一產業合理化政策的是商工省的臨時產業合理局，主管該局的是岸的上司吉野信次工程事務局長。

岸是吉野的得力助手，負責調查德國的產業合理化運動，通過掌握德國的實際情況，岸更加確信國家統制經濟對於增強日本的國力是不可缺少的。實際上，岸從德國歸國後的演講中明確提出，產業合理化政策的目標在於「否定自由競爭」，建立企業間的「相互聯協」。主張日本資本主義不是依託於市場原理，而是要通過國家實施統制，岸的這一態度自然受到了致力於構築國家總體戰的永田鐵山（1884-1935年）、東條英機、小磯國昭（1880-1950 年）等陸軍統制派（陸軍內的派系，主張尊重、堅持軍內的規律統制（文民統制）；與之相對的是皇道派，主張強化天皇親政和財閥統制的歡迎。由此，出現了岸與陸軍統制派的聯合，開始稱以岸爲首的官僚集團爲「革新官僚」。

此後，軍官之間開始建立密切關係，後來，通過排除反對市場原理或對統制經濟持有懷疑和戒心的三井、三菱、住友、安田等舊財閥，日本產業、大倉、古河等新興財閥開始抬頭，出現了軍部與官僚之間的關係趨於強化的動向。對於這些所謂新加入的集團來說，如果沒有軍部和官僚的支持，要在中國大陸開展企業活動是不可能的。由此產生了財閥與軍部籠絡的協力體制，滿州事變後建立了「滿州國」，這些新興財閥立刻蜂擁而上、進入「滿州」，在那兒展開了大規模的企業活動。對此，岸在「滿州」發揮了出色的指導作用。

岸將「滿州國」作爲實驗場，推進建築國家總動員體制，同時也是戰前時期戰爭國家日本開始邁向帝國崩潰的第一步。也就是說，這是帝國日本暴露戰爭國家本質之前的階段，資本家、政黨、官僚、軍部等各權勢集團相互對立和妥協，最終形成了相互依存、相互勾結的關係。岸所代表的典型的「革新官僚」在促成這一相互依存、相互勾結的關係中發揮了作用。

接下來，我把以往的研究中慣用的「革新官僚」這一用語，改稱爲「戰時官僚」。「戰時官僚」爲了構築能夠對應第一次世界大戰出現的總體戰，在創建和維持國家總動員體制的過程中發揮了重要作用。國家總動員體制，以《軍需工業動員法》（戰時賦予政府權力以動員民間事業所、設施參與軍需產業的法律，1918 年制定）爲開端，之後是滿州事變（1931 年 9 月）和中日全面戰爭（1937 年 7 月），在《國家總動員法》（1938 年）制定後眞正推行開來。之所以將這些官僚們專門稱爲「戰時官僚」，是爲了強調戰時對他們的出現給予了極大的期望。

「戰時官僚」爲了構築國家總動員體制，主張必須進行國內政治的「革新」，認爲維護治安、思想統制、重新組織國民是不可缺少的。對於未來發展的展望是，國家進行高度的計畫、管理、統制，發展成能夠承受長期戰爭的高度的行政國家、國防國家。當然，岸屬於典型的「戰時官僚」一類。從這一意義上來看，作爲「戰時官僚」，可以說岸是合理並且理性的國家統制經濟論者、是國家主義者，雖說與右翼團體國本社的代表平沼騏一郎等國家主義和國粹主義有親密交往，但是與他們劃有一定的界限。1939 年 10 月，岸離開「滿州」，重返商工省任次官。

岸到商工省復職後，在合乎理性計算的長期戰略下，爲構築日本國內的總動員體制而積極奔走。但是，當時，觀念上是以天皇親政爲主流，由於岸等的國家統制經濟論和社會主義統制經濟極其相似，遂成爲批判的對象。尤其是平沼騏一郎（後任首相）等所代表的國家主義和國粹主義，企圖通過以天皇政體爲中心的日本歷史、文化這些抽象的觀念來釀成所謂的「國體」觀念，從而達到國民意識一元化的目的。由此，他們在對天皇制的某種「絕對歸依」中，全面打出徹底的反共主義。對此，岸等「戰時官僚」，拒絕平沼所要弄的這些抽象概念，而主張要建立具有眞正紮實國力的國家，也就是建設實施戰爭國家的國家體制。

「戰時官僚」想要創建的國家體制，需要高度的行政技術。因此，與既存的官僚機構聯合，健全能夠推行和完善立法機構的內閣行政，但最終則力圖與內閣行政權力保持一定的距離。加之，充實內閣行政機構以推進國家總體戰體制建設的觀點與軍部力圖借政治社會的軍事化來擴大自身權勢的利益相一致。由此，開始了如前所述的軍部和官僚之間的聯合。

尤其在中日全面戰爭以後，大大強化了內閣行政權。比如第一次近衛文麿內閣時期的臨時內閣參議官制度（1937 年設置，國務大臣待遇），東條內閣時期的臨時設置內閣顧問制度（1943 年設置，輔佐總理大臣提供諮詢的戰時經濟營運的官職）等即是體現。與此同時，引入了適應國家總體戰的經濟體制，在戰時經濟的名義下，從資源和人才方面向軍事部門傾斜、集中。對此，爲了合理、迅速地將各項政策付諸實施，需要具有高度專業知識技能的「戰時官僚」。

比如，吉野信次（1888-1971 年，吉野作造之弟），椎名悅三郎（1898-1979 年），美濃部洋次（1900-1953 年），以及岸信介（以上爲商工官僚），以及石渡莊太郎（1891-1950 年）、賀屋興宣（1889-1977 年）、毛里英於兔（1902-1947 年）（以上爲大藏官僚）、奧村喜和男（1900-1969 年）（通信官僚）、和田博雄（1903-1967 年）（農林官僚）等即是主要的「戰時官僚」的代表。對於無視資本主義市場原理，推行戰時經濟的做法，不僅僅是財界，即使在政界以及學界也存在著極大的抵觸勢力。但是，最終還是實現了向戰時經濟的轉化，其主要原因是，這不僅僅是軍事方面的需要，更主要的是通過戰時經濟的營運來發展基礎薄弱的日本資本主義，這一超越了黨派的想法發揮了強大的效用。

「戰時官僚」呼籲推進總體戰體制，與軍部聯合強行實施戰時經濟的動向，從某種意義上說，也可以認爲是超越平時和戰時，以全面改造日本資本主義或者日本經濟的基本結構爲行動目標。但是，出乎當初的預料，由於亞洲太平洋戰爭發展爲長期的戰爭，龐大的軍事開支極大地消耗了國力，資源籌措陷入困境，由此，「戰時官僚」們的意圖和精心打算化成了泡影。

但是戰敗後，「戰時官僚」開始面對戰後復興這一新的課題時，再次抓住機會，重圓舊夢，試圖將其戰時的意圖和打算付諸實施。那就是戰後「戰時官僚」的復權。岸作爲其典型的代表人物之一，著力於戰後經濟的復興和營運。

戰後實現的總體戰體制

的確，在「滿州國」經營方面，岸事實上是最高責任者，是日美開戰時東條內閣的主要閣僚。另外，由於岸與陸軍主戰派以及右翼勢力有密切的關係，在東京裁判中，作爲主要的戰爭責任者之一，岸被定爲甲級戰犯，免除了公職。不得不度過長達三年的拘禁生活。此時，岸構想的實現戰後政治飛躍的目標似乎遭受挫折。

不過，與被稱爲日本軍國主義代表、在東京裁判中被處以絞刑的東條相比，岸的處境有所不同，因爲岸爲推翻東條內閣做出了較大的貢獻而具有肯定的一面，最大的理由還是因爲岸身爲官僚這一身分，所以只是受到免除公職的處分。另外，與同樣是文官被定爲甲級戰犯並被處以絞刑的廣田弘毅（1878-1948 年）相比，岸之所以能保全性命，是因爲岸沒有像廣田弘毅一樣擔任「首相」這一最高領導地位。

戰後，岸最急於進行的復權活動就是，將戰前時期國家統制經濟的構想重新運用到戰後的經濟復興中。正如經濟學家野口悠紀雄將戰後的日本經濟體制稱之爲「1940 年體制」（《新版 1940 年體制》東洋經濟新報社，2002 年）一樣，領導戰後經濟復興的是 1940 年代擔負總體戰體制的一幫「戰時官僚」。其中心人物就是前面所列舉的岸信介、椎名悅三郎、和田博雄等。

總之，現代日本社會的基本結構是 1940 年代形成的，並且對戰後經濟復興到高度經濟成長起到了牽引作用。這也正是近年積極評價和議論「總體戰體制論」的原因。也就是說，從戰後復興時期到高度經濟成長時期的官僚主導型的經濟體系的始祖，就是 1940 年代以構築總體戰體制爲目標的統制經濟派。比如，1940 年前後逐步出台了以《電力管理法》（1938 年）、《糧食管理法》（1942 年）、《日本銀行法》（1942 年）等爲代表的一系列經濟產業統制法規。這些法規成爲戰後復興時期到高度經濟成長時期國家經濟營運的基礎。

正是戰前主導這些法規整備的官僚們，擔當了戰後高度經濟成長的旗手。經濟安定總部（1946 年設立）推進的「強化生產方式」的政策等，與戰前時期計劃院（負責戰時統制經濟調查立案的國家政策機構，1937 年設置）構想的經濟統制方式如出一轍。並且，在原計劃院擔當中堅骨幹的「戰時官僚」繼續佔居經濟安定總部的要職，他們積極引入「強化生產方式」，擔負戰後經濟復興的責任。有許多過去的滿鐵職員在經濟安定總部擔任要職，「滿州國」的統制經濟方式幾乎原封不動地搬到了戰後。採用了與「滿州國」推行的「重要產業五年計劃」幾乎完全相同的統制經濟手法。岸以及星野直樹（1892-1978）等制定的《確立經濟新體制綱要》這一原計劃院的方案，不僅支撐了「1940年體制」，同時在戰後復興時期也發揮了主要的作用。

「確立經濟新體制綱要」引入企業公有制以及納粹黨的指導原理，企業不是以利潤爲優先，而是促進生產能力提高的組織。在此，將企業確立爲「公共的生產組織」，排除了企業按市場原理進行的競爭機制，同時突出強調對「公=國家」的貢獻和奉獻。

如果採用這種方法論的話，當然，不得不重新重視官僚的作用。戰前時期殖民地官僚在臺灣、朝鮮以及「滿州國」的統治機構中作爲行政管理和統治的主體發揮了作用，與此相同，即使戰後也需要他們繼續把握行政統治管理大權。此後，官僚們掌握了從政策立案到付諸實施的統一且連續的主導權。戰前時期，在國家總體戰體制整備的過程中，政黨體制處於削弱和衰退的狀態。同樣，戰後經濟復興過程中，確立了官僚主導型的政治體制，造成了對政黨作用的期待日益低下和弱化。也許正因如此，自由黨和民主黨兩大保守政黨聯合，建立了自由民主黨（1955年結成）。

即使缺少政治，只要有可以「代替」政治的官僚體系，那麼政治只在所謂純政治領域發揮其功能則足矣。岸是官僚出身，對自己的官僚身分應該有強烈的自我意識。岸本身與保守派密切連通，是因爲自身抱著確立官僚主導的政治體制、實現重建日本的大目標。特別是，岸與其將自身定格爲官僚制（bureaucracy）的一員，不如說其更希望實現官僚掌控管理、行政、統治所有支配權的行政統治（administocracy）。此外，岸將自己視爲能夠有效、合理地管理營運國家和社會的行政官員，並對此充滿自信。由此，具有技術政治（technocracy，或曰科技之國、專家政治）思想的行政官員，在經歷了戰敗體驗之後，重新在戰後日本社會中找到並確立了自身的位置。

所謂技術政治，指的是這麼一種官僚思想，那就是確信廣義上的技術者最爲適於主導國家和社會建設。他們的行動依據是技術至上的理論，以「脫歷史」「脫政治」爲其特徵。換言之，即使歷史和政治發生變化，並不左右自己的信念，始終堅持以發揮營運管理國家技術爲使命。國家和社會面臨危機，越是處於飽受內外壓力的時候，越是需要具有高度專門技術的行政官員。

戰前時期，自 1930 年代開始，這種認識極爲普遍，而戰敗以後，日本社會繼續出現了這種技術至上論的思想。具有高度專門技術的行政官員感到良機已到，在克服戰後危機實現經濟復興之際，將能施展自己的才能，同時，戰後日本資本主義也迫切希望他們復出。由此，雙方達成了一致有效的經濟復興對策，在戰後冷戰結構的國際秩序的配合下，戰後版的總體戰體制促成了日本的高度經濟成長。戰前時期的總體戰體制，如果說是由於受到第一次世界大戰的觸動而被動地接納、具有臨時緊急對應的特性的話，那麼戰後版的總體戰體制，則可以說是積極能動的、具有持續恒久的特性。

重新評價岸信介的背景

有關岸信介在日美安保時期的活動，有很多記錄和文獻。但是，在論述日美安保與岸的關係之前，首先必須充分認識到對岸重新大加評價的現狀。

首先，必須強調的是，在結成自民黨和獲得政權的過程中，岸希望達成的目標是修改憲法、重整軍備以及尋求「獨立」。其中「修改憲法」對自民黨來說，是政黨成立以來的「宿願」，即便是今日，也仍以「改憲私案」的形式重新提起。通過「重整軍備」，自員警預備隊創設（1950年）以來，經歷了保安隊以及建立自衛隊（1954年），現在國防費高達4兆8000億日元（2005年度預算），成爲世界屈指可數的軍隊。另外，岸堅持修訂了具有單方面關係的舊日美安保條約，重新定義了與美國的雙邊關係，進一步促進了日本的「獨立」。

以上的修改憲法、重整軍備以及尋求「獨立」這三項課題，岸是否是作爲相互關聯、統一的問題來考慮的呢？不言而喻，岸的政治意識中表現出露骨而強烈的國家主義，由此促使其急於解決這三項課題。如果從岸的觀點來看的話，日本國憲法是GHQ（盟軍總司令部）爲促使日本民主化而「強加」施行的憲法，其內容無論如何是不能接受的。其中最主要的就是，憲法全面否定了戰前的天皇制國家統治體制（「國體」），大大背離了日本固有的文化傳統。

隨著朝鮮戰爭的爆發，爲了保護美軍基地以及美軍及其家屬，日本開始重整軍備。因爲重整軍備從組織舊陸海軍軍人，創建員警預備隊開始，岸對此自然大爲贊同。並且，岸對通過

「修改」憲法，恢復戰前的「國體」，全面恢復戰前權利來確保「獨立」，表現出極大的熱忱。但是，岸這種選擇「倒行逆施」的圖謀，當然不僅受到了國內穩健保守勢力的反對，而且遭到輿論的嚴厲批判。況且，岸本身又曾是甲級戰犯，一般對岸的主張大都抱有懷疑和戒備之心，故「修改」憲法沒有得到輿論的支持。

自 1953 年 4 月開始，岸重新恢復了衆議院議員身分，與石橋湛山（1884-1973 年）競選自民黨總裁失敗，1957 年 2 月，因石橋患病，岸如願以償，從外交大臣就任爲內閣總理大臣。自此開始，岸將想要解決的三項課題通過強行方式付諸實施。

在自民黨內，岸對以吉田茂爲首的親美派，或者說提倡經濟利益的集團表示公開的對抗，在岸來看，無論如何只要實現了重整軍備，下一個目標就是通過制定自主憲法實現「眞正的獨立」。通過這些努力，和美國建立對等關係，進一步實施集團自衛權，重新成爲亞洲的盟主。

岸的這種政治選擇確實造成了對美關係的混亂。儘管如此，岸不顧輿論的反對，竭力堅持「重新修訂」日美安保條約，並通過邀請艾森豪總統（Dwight D. Eisenhower）訪日，努力消除因自主地選擇「倒行逆施」可能造成的日美關係惡化等不安定因素。

由此看來，岸執著於「重新修訂」日美安保的原因主要有如下 3 點：①實現和美國的對等關係，②在此過程中制定自主的憲法，③喚起追求「獨立」的國民精神，重新構築戰前時期國家至上論的政治經濟體制。

在這樣的路線選擇中，一般會喚起狹隘的民族主義，但是岸的情況並非如此。自結黨以來，自民黨內分成了兩種對外路線，一是以吉田茂爲代表的所謂「追隨美國的外交路線」，另一種是以鳩山一郎等爲代表、堅持與蘇聯恢復邦交（1956 年）的「自主外交路線」。岸身爲首相，成功地設定了可以說達成雙方協調折衷的對美路線，也就是對美協調路線和自主獨立路線並行。正是這一並行方針的啓動，1960 年「重新修訂」了日美安保。因此，強行修訂日美安保，同時也成爲修訂自民黨內兩條外交路線的一大機會。

在強烈反對安保的輿論中，並沒有表現出「反對對美協調路線」或者「反對自主獨立路線」的認識。基本的社會輿論是，日美安保起著確保兩國軍事同盟的作用，因而擔心將來日本會捲入美國引起的戰爭，再次成爲加害國或者侵略國，這種擔心和不安通過「反安保」運動而爆發出來。

對於「反安保」的群衆運動，岸甚至曾命令防衛廳長官赤城宗德（1904-1993 年）出動自衛隊維持治安，企圖以暴力手段強行消除反安保勢力，其目的是想要實現恒久的「對美協調・自主路線」。正因如此，所以將岸稱爲理性計算的國家主義者、實用主義者，可以說充分體現了岸的政治本質。

「對外協調・自主路線」，至今依然是自民黨外交的基本方針，爲了順利並行推進「協調」和「自主」的對外方針，防止日美關係陷入緊張狀態，有必要經常進行首腦會談，達到及時的溝通理解。回顧到蘇聯崩潰爲止的冷戰時期，可以說這兩種路線順利並行並沒有影響或造成日美關係的惡化。因爲在東西冷戰體制這種固定的國際秩序下，也很少有引起日美關係變動的因素。

可是，1990 年代初，東西冷戰體制崩潰之後，原封不動地繼續沿襲過去的日美安保已經不能確保和維持安定的日美關係。正因如此，開始提出重新定義日美安保，重新考慮整個日美關係。岸鋪設的「對美協調・自主路線」雖然本質上沒有變化，但是由於已經不能很好地保持「協調」和「自主」之間的平衡，所以需要不斷修復和調整。如今，從重新評價岸的背景來看，存在著一些堅持恢復「對美協調・自主路線」的勢力，輿論上也與此呼應做出一定的反應。

岸執政期間（1957 年 2 月-1960 年 7 月），日本推行的是對美一邊倒的外交政策，但同時也注重對蘇聯的外交，正因如此，對美關係始終處在一種相對的環境中。「協調」和「自主」由此得以保持一種相對的平衡狀態。但是，這之後，美蘇對立加劇，加上社會主義中國迅速發展崛起，從而，日本開始更加依存於美國。也就是說，岸鋪設的堅持「協調」和「自主」的路線開始發生了動搖。如今中國已經發展成經濟實力雄厚的大國，周邊亞洲各國經濟上也取得了極大的發展，在此情況下，日本在堅持沿襲至今爲止的對美協調路線的同時，需要加強與中國、韓國等亞洲主要國家的關係，進一步推進對美自主外交是順應時代的要求。

日本所處的外交環境發生了明顯的變化，同時，國內社會輿論方面，國家主義的傾向和右傾思潮擴大，日本的保守勢力極力想恢復岸鋪設的「對美協調・自主路線」。正是在這種背景下，引發了重新評價岸的風潮。

重新評價岸信介的現實意義

岸信介認爲，「對美協調・自主路線」正是解決三大課題（修改憲法・重整軍備・自主獨立）的確實可行的方法。在經過了 30 年後，東西冷戰體制結束，美國方面也強烈要求日本強化軍事力量，因此迅速增強了自衛隊的軍事裝備。不僅從硬體上增強了自衛隊的戰鬥力，同時通過整備一系列的軍事法制，軟體上進行了全面的充實完備。可以說這體現了堅持對美協調路線，是執行了岸鋪設的外交路線的結果。但是，關於「修改憲法」和自主獨立，美國當然並不會舉雙手贊成。

1957 年 5 月 7 日，圍繞是否保有核武器的問題，岸信介在參議院會議上的發言眾所周知，當時他提到「使用戰略核武器不違背憲法」。岸的親弟弟佐藤榮作也是地道的堅持擁有核武器論者，此外，岸的外孫安倍晉三也同出一轍，在任內閣官房副長官期間，2002 年 5 月 13 日在早稻田大學演講時說「擁有原子彈在憲法上不成爲問題」（《星期日每日》2002 年 6 月 2 日）。從岸開始、到佐藤至安倍爲止連續不斷發表主張擁有核武器論的言說，充分表明一種強烈的願望，那就是，日本要進行核武器裝備，與現有的政治軍事大國保持對等關係，實現眞正的「獨立」，作爲「普通的國家」得到核武器大國的承認，也就是「健全的國家」。

但是，如果「普通的國家」同時意味著脫離美國同盟國而獲得「獨立」的話，當然美國是不會首肯的吧。因此，「對美協調・自主路線」本身存在著根本的矛盾，不可能給日本帶來持久的穩定和安寧。由於自 1960 年代到 1990 年代爲止，世界處於東西冷戰結構這一國際秩序之中，岸鋪設的這一路線本身所包含的矛盾沒有直接爆發的機會，另外，對於這一路線本身存在的矛盾，美國方面既沒有提出任何指責，日本國內也沒有提出任何疑問。

如今在新的國際形勢下，奧巴馬就任新一屆美國總統，美國將會不斷要求日本厲行同盟義務的吧。要從根本上實現向「脫美自主路線」的轉換，必須加強核武器裝備，從美國的核裝備保護傘下脫離出來，建設自主的國防體制，否則的話，就不可能實現向「脫美自主路線」的轉換。但是，美國無論如何是決不會容許日本擁有核武器的。美國不僅反對日本構築自主的防衛體制，即使對日本開展獨立自主的政治外交，美國方面也會耿耿於懷的吧。比如，具有強烈的國家主義意識的安倍晉三，表現出明顯的由軍事武力決定格局的思考方式，美國的穩健派對其敬而遠之。正因如此，針對靖國神社問題等諸多爭議未決的矛盾，安倍就任首相之後，最初訪問的國家選擇了中國和韓國。這也許是示意給美國看的。通過牽制美國，以便在「協調」和「自主」方針下，順利推行「對美協調・自主路線」。

不管怎樣，在 21 世紀初亞洲變化的政治秩序中，日本爲了確立自身的位置，採取「對美協調・自主路線」正是最佳的途徑，在許多抱有共識的人中，開始重新評價岸。但是，必須否定其中所包含的過度崇尙軍事武力而採取積極尋求與亞洲各國人民和解的態度。並且必須認識到，過去岸所設計的「協調」和「自主」路線，只不過由於東西冷戰體制一時掩蓋了其本身包含的矛盾和危險性。

【第三章】

靖國神社和明治以來的戰爭

——小泉堅持官式參拜的背景

連接過去和現在的靖國神社

如果將岸信介譬爲承前啓後、連結戰前和戰後的代表人物的話，那麼從靖國神社的歷史和特點來看，也同樣起到了連接戰前和戰後的作用。衆所周知，靖國神社是爲提供一個「慰藉陣亡者的場所」而設置的，除此之外，它也同時發揮了重要的政治作用。將包括亞洲太平洋戰爭在內的過去的戰爭「視爲聖戰」，因而這裡成爲祭拜稱頌參戰的日本人、實施戰爭的國家以及戰爭統帥的場所。稱頌靖國的人們，他們不願認眞體味過去那場戰爭的眞實意義，不願正視戰爭帶來的悲痛殘酷的事實。因此，可以說是忘卻了因戰爭造成的巨大犧牲以及無視堅持正義的人民。

也就是說，靖國神社是一個動員國民趨向或肯定戰爭的思想性、宗教性的裝置，並且起到了阻礙與過去受日本侵略的各國人民對話的功能。像這樣的裝置爲什麼能持續保存下來呢？在此，簡要概括一下靖國神社設立的經過，以及給戰後日本社會和日本人帶來的課題。

概觀靖國神社的歷史作用，首先其最初是作爲民族宗教的國家神道發展起來的。國家神道，是幕府末年維新時期盛行的神社神道和天皇家族相關的皇室神道結合而成的民族宗教，在明治近代國家形成和發展的過程中確立下來。也就是說，國家神道本質上具有原始宗教的性質，同時，又要求其適應近代社會。因此，國家神道隨著時代的發展，其性質也不得不隨之改變。

比如，宗教學家村上重良在其著作中，將自明治國家成立到戰敗爲止 80 年間國家神道的變化劃分成 4 個時期：「形成期、教養完成期、制度完備期、法西斯主義國教期」（《國家神道》岩波書店新書，1970 年）。

明治 10 年開始的一段時期，祭祀和宗教分離，爲第一個時期，形成了國家神道的基本性質，與此並行，確立了以伊勢神宮爲正宗的宮中祭祀，在此，以與崇拜天皇直接有關的神社信仰爲中心創立了國家神道。

第二個時期就是制定了明治憲法以後，國家神道即被認作是國家祭祀，超越所有宗教學派佔據了優越地位，即所謂的國家神道體制的確立。尤其是在這一時期，發動了明治國家最初的眞正的對外戰爭，包括甲午戰爭（1894-1895 年）和日俄戰爭（1904-1905 年），以這些戰爭爲契機，國民回應增強國威的國家政策，國家主義以及日本民族至上主義擴大。利用這樣的民衆意識，開始將國家神道確定爲教育政策的一環。

從明治末期到昭和初期爲第三個時期，是在內務省主導下確立神社行政的時期。當時，民主主義和社會主義等新的思想流入日本社會，在社會運動蓬勃開展的情況下，國家通過推進國民教化政策，確立國家神道以對抗這些新思潮，這是開始認眞推行國家神道的時期。

而從滿州事變到亞洲太平洋戰爭失敗爲止爲第四個時期。在此期間，日本爲了將侵略亞洲的戰爭正當化，爲了在天皇的名義下順利動員國民參戰，國家神道正如其文字所示成爲國教。從而，國家神道與天皇制國家體制（「國體」）成爲表裡一體的關係，因此，可以說是「天皇制法西斯主義」的國教。

如上所述，明治國家的國家神道，保留了宗教上的一面，不論是戰時、平時，在廣義上來說，發揮了動員國民和教化國民的作用。由此，國家神道一貫具有鮮明的政治性質，在政治上發揮了一定的功能。

可是，國家神道是民族宗教的「發展形態」，其內容直接體現了明治憲法所倡導的「國體」概念。也就是說，正如神祈院編著的《神社本義》中所宣稱的，「惟大日本帝國，乃皇祖天照大神肇造之國，其神裔萬世一系之天皇，承皇祖神敕，自遠古至永世而爲治。此乃萬邦無比之我國之國體也」（村上重良著《國家神道》、岩波書店・新書，1970）。國家神道的教義是「國體」的教義，強調了作爲神的天皇統治大日本帝國，天皇統治的大日本帝國是極其神聖的。據此，認爲大日本帝國是以古代國家創造的政治神話爲其神聖的根源。

因此，大日本帝國統治下的「赤子」（=國民），對以學校教育爲中心廣泛宣揚的「天孫降臨」神話等所顯示的國家創建神話不可持有懷疑或批判。不僅如此，通過這種政治神話向民衆徹底灌輸日本民族的優越感和排外的民族意識，這又進一步激發了後來支持侵略戰爭的「國民意識」，民衆對戰爭表現出狂熱的支持。

在甲午、日俄兩大戰爭中，向國民宣告戰爭目的時充分利用了國家神道的教義，強調將戰爭堅持到最後的勝利，是賦予優越於其他民族的「神國日本」的「世界」使命。戰爭是在天皇的名義下開始的「聖戰」，因此，決不容許對戰爭提出質疑或反對。不僅如此，被強制動員參加「聖戰」的赤子（=國民），若是戰死沙場，將作爲「英靈」祭祀，由此，甚至建立了一種天皇制國家體制掌控國民生死大權的機制。靖國神社以招魂社爲起點，作爲陸海軍兩省共同管轄的宗教設施，發揮了政治上的功能。

1879（明治 12）年，被定爲別格官弊社（注：根據 1871 年的「官弊社制度」，將祭祀歷代天皇、皇族的神社和天皇家族崇敬的神社指定爲官弊社。之後，對「爲國家效忠」的功臣進行祭祀時，不能列入官弊社，所以採用了特別官弊社的名稱）之後，名稱由招魂社改爲靖國神社，此後該神社被定爲國家神道系列，作爲支持天皇制國家對外侵略的精神支柱，發揮了特殊的功能。

靖國神社的地位

代表國家神道教義的神社不僅僅是靖國神社，通常根據神社的功能可以區分爲以下四種。

第一種是祭祀在近代天皇制國家發動的戰爭中犧牲的陣亡者的神社，靖國神社（招魂社、護國神社）爲其主要代表。第二種是祭祀南北朝時代的南朝方「忠臣」的神社，湊川神社（祭神爲楠木正成。1872 年創建）等爲其代表。這些都屬於特別官弊社。第三種就是祭祀天皇以及皇族的平安神宮（祭神爲桓武天皇。1895 年創建。後與孝明天皇合祀）以及明治神宮（1920 年建成）等爲代表的神社（官弊大社）。第四種是在殖民地以及佔領地所建立的朝鮮神宮（祭神爲天照大神和明治天皇。1925 年創建）等官弊大社。

靖國神社的前身是招魂社，1869（明治 2）年 6 月，在東京・九段的田安台創建。招魂社是爲祭祀在明治國家成立過程中因頻繁的內戰而犧牲的人創建的。確定在東京建都之後，即開始構想在東京創建全國規模的招魂社，以日本陸軍的創始人大村益次郎（1824-1869 年）爲主開始了創建計畫。明治天皇參加了 1874（明治 7）年 1 月舉行的招魂社大祭，由此確立了作爲神社的招魂社的性質。招魂社合葬著自鳥羽伏見戰爭到函館戰爭（1868-1869 年，戊辰戰爭）期間 3575 名陣亡者，天皇的參拜意味著給陣亡者「破格」的待遇，成爲決定天皇和招魂社之間關係的一大契機。

改稱爲靖國神社的當初，神社歸內務省、陸軍省、海軍省共同管轄，之後成爲陸軍省和海軍省所管轄的宗教設施。儘管其他所有的神社都歸內務省管轄，但是唯有靖國神社是在陸海軍的管轄之下，這也充分表明了靖國神社是作爲軍部的宗教設施，是與日本軍國主義的形成和發展的全過程密切相關的。戰後引發靖國神社問題的根源就在於此。在靖國神社舉行的祭典，主祭人由陸軍和海軍的現役將官擔任，實際上舉行祭典的宮司是由陸軍省和海軍省任命的。不僅如此，還由憲兵擔任神社的警衛。

由此可見，靖國神社是祭祀天皇這一統帥陸、海軍的最高司令官、「大元帥」發動的戰爭中戰死官兵的宗教設施，享有特殊的地位，同時，將陣亡者作爲「英靈」祭祀，稱頌和美化所有的戰爭，充當了天皇制和軍國主義思想的大本營的作用。

在這一期間，國家神道事實上成爲「國教」，特別是滿州事變以後，成爲對亞洲諸國進行侵略擴張以及宣揚日本民族至上論的基礎。神道被視爲「國體」的教義，支配著日本人的思想意識，在國內要絕對忠實於天皇制統治體制，在國外將侵略行動視爲正當正義的戰爭。在此，主張「八紘一宇」這一企圖征服世界的教義，表明了全世界都統一在天皇之下的野心。在整個亞洲太平洋戰爭期間，將「八紘一宇」的口號作爲戰爭目的反覆宣傳，由此出現了「完成聖戰」「神州不滅」等軍國主義口號，驅使國民參加侵略戰爭。同時，通過把日本殖民地和軍事佔領的亞洲各地區人民同化爲「日本人」，將其納入動員參與侵略戰爭的對象。

戰前時期，日本在實施殖民地政策和佔領政策中，強制推行與日本保持一體化的政策，抹殺了亞洲諸國及地區民族固有的歷史和文化。同時，也向當地人民灌輸國家神道和「國體」的思想體系，甚至在初等教育中強制推行。1941 年，日本全國約有 11 萬家神社，支撐著國家神道以及「國體」思想體系，可以說位於頂級最高地位的就是靖國神社。

靖國神社在宗教和政治上的功能

近代天皇制國家本身決定了靖國神社的功能，發揮著「將爲天皇獻身的亡者集團，裝扮爲均等的祭神集團的宗教裝置」的作用（村上重良《慰靈和招魂》岩波書店新書，1974 年）。同時通過無限地增加祭神，靖國神社對近代日本社會日本人的精神意識一直產生決定性的影響。另一方面，被列爲特別官弊社的其他神社祭祀著一名或數名歷史人物，與此相比，靖國神社功能特殊，它是專門祭祀陣亡的天皇的臣民（=赤子）的神社。

並且，只要作爲天皇的「臣民」祭祀，就形成了要由天皇的意志來決定是否合祀這一結構。由此，決定在靖國神社合祀的手續，是對那些爲天皇發動的戰爭獻身的陣亡者施加的恩惠，被視爲是一種獎賞。天皇作爲決定合祀的主體，甚至能夠向陣亡者傳達天皇的意志。

陣亡者被合祀在靖國神社成爲「英靈」，其生前的社會地位、階層，或者以各種形式獲得的功績等也都不存在了。也就是說，作爲祭神被合祀的「英靈」，因爲成了「英靈」，所以可以理解爲，在天皇的名義下都享有平等、均等的待遇。這正是「一君萬民」思想的充分體現。也就是說，天皇不僅支配著「臣民」的生前，即便是死後也被納入天皇至上的階層結構中。由此，可以說靖國神社是體現「天皇制平等主義」、通過合祀的形式確立天皇和「臣民」關係的場所。但是，這是由天皇單方面實施的統治「臣民」的手段，其目的是統治、支配臣民的精神意識。以合祀的形式作爲對效忠和獻身天皇的補償或兌換。

靖國神社自改變名稱到戰敗爲止，排名一直處於 28 家特別官弊社中的第 16 位，儘管如此，每次舉行臨時大祭時，天皇參拜已經成爲慣例，或者宮內省派欽差參加大祭等，一直受到破格的待遇。天皇和靖國神社保持著密切的關係。靖國神社是宗教設施，同時圓滑地推行天皇的統治，成爲天皇統治「臣民」的精神意識，掌管「臣民」的生死大權的居間媒介。

靖國神社的解體和重建

戰後在推進一系列的民主化政策中，否定了戰前時期靖國神社的作用。靖國神社這日本近代史上軍國主義對外侵略擴張的精神支柱瀕臨解體崩潰的危機。因爲要撤銷主管靖國神社管理營運的陸軍省和海軍省，靖國神社的解體也只是時間的問題。1945 年 12 月 15 日，佔領日本的盟軍總部（GHQ）爲了防止軍國主義復活，向日本政府下達了「神道指令」（廢止國家神道條例），實行政教分離，完全切斷與國家神道以及神社神道的關係。

日本政府遵從「神道指令」，採取了禁止國家神道的措施，將宮中祭祀定義爲天皇的個人行爲，提出了將神社神道發展爲民間宗教的方針。同時，根據 1946 年 1 月 1 日公佈的昭和天皇的人間宣言，實際上標誌著國家神道的破滅。當時，全國的神社開始歸屬於新設立的非國營的宗教法人——神社本廳，但是，只有靖國神社，未歸屬神社總廳，之後成爲東京都單立宗教法人，由此失去了國家的、公共的性質。至此，剝奪和改變了靖國神社戰前所具有的性質和作用。

但是，戰敗後不久東西對立加劇，冷戰體制導致了世界二分化，GHQ 開始加速推行一系列的民主化政策。與此同時，對靖國神社的待遇也出現了變化。以 1951 年 9 月 8 日簽署《舊金山和約》（Treaty of Peace with Japan）（1952 年 4 月 28 日生效）爲契機，文部省和歸國援助廳兩省廳次官聯名向各都道府縣發出題爲「關於陣亡者葬祭等」通知，准許地方公共團體的負責人等出席陣亡者追悼會等。這顯然是與強調政教分離的日本國憲法相抵觸的。

此後，反覆不斷地下達這類通知，成爲靖國神社得以復權的第一步。進而，1952 年 4 月 3 日公佈的《宗教法人法》加速了恢復靖國神社的功能。這是由文部大臣以及都道府縣知事認證各種宗教團體成爲宗教法人的規定，靖國神社也經東京都知事認證成爲如前所述的單立宗教法人。

靖國神社作爲宗教法人事實上得以復活，但是，問題在於其設立的目的。在神社「規則」的第三條中，「本法人，基於明治天皇的《安國》聖旨，奉祀爲國事殉難的人，進行神道的祭祀」。採取姑息手段，將「靖國」表現爲「安國」，總而言之宣佈靖國神社存在的目的和戰前同樣，沒有變化。

並且，1952 年 10 月 16 日，裕仁天皇陪良子皇后參拜靖國神社，由此，又重新恢復了天皇和靖國神社的關係。之後，天皇家族和靖國神社的關係不斷得以強化，翌年 3 月 16 日，爲準備立太子儀式的皇太子（現明仁天皇）也參拜了神社。

日本社會的右傾化和國家神道復權

簽署舊金山講和條約的同時，1951 年 9 月 8 日簽署了日美安保條約，從此，日本作爲以美國爲中心的西方陣營的一員重返國際政治舞臺。同時在美蘇冷戰體制中，這也是最適宜的選擇。其結果，日本社會充滿了反共、反社會主義的思想體系，國內通過開展各種各樣的活動強調國家主義。可以說，戰後政治的保守化和戰後社會的右傾化是從此時開始的。

在這樣的社會背景下，要求將改爲民間宗教法人的靖國神社國有化的運動積極活躍。特別是 1955 年 11 月 15 日，自由黨和民主黨聯合結成自由民主黨以後，以財團法人日本遺族會等爲中心，向成立不久的自民黨提議，要求對靖國神社實施國家管理以及恢復國家神道。

對此，當初自民黨內的認識並非統一，1959 年 3 月 28 日，千鳥淵陣亡者陵園作爲國家設施竣工，裕仁天皇和良子皇后出席竣工儀式、並舉行了陣亡者追悼儀式，進一步助長了要求國家恢復管理靖國神社的活動。

1960 年 1 月 19 日簽署了新日美安保條約，圍繞條約的簽署，輿論兩極分化展開了激烈的論爭。在這種社會輿論熱烈的氛圍中，人們對政治表現出極大的關注。但是，同年 5 月 19

日，自民黨單獨表決通過了新日美安保條約，6 月 19 日該條約成立生效後，人們對政治的關心隨之下降，開始轉向追求經濟利益。

在這種情況下，整個社會明顯右傾化，保守政治愈加強化。比如，1960 年 10 月提出將伊勢神宮國營化，1963 年 8 月日本遺族會做出了「恢復靖國神社的國家護持綱要」的決定。繼而，靖國神社的祭祀制度調查會制定、公佈了「關於恢復靖國神社的國家護持綱要」等，加速了要求將靖國神社納入國家管理以及恢復國家神道的運動。這一年的 8 月 15 日，政府主辦的第一次「全國陣亡者追悼大會」在日比谷公會堂舉行，舉行追悼儀式是與上述一系列活動有關的。

1964 年 10 月 10 日開始，召開了歷時兩周的東京奧運會，以此爲契機，日本開始步入了經濟高度發展時期。在這一大好形勢下，將靖國神社納入國家管理的活動也更加活躍，1965 年 10 月日本遺族會制定了「靖國神社法案」，向自民黨爲首的保守派國會議員施加壓力。進而，地方議會接連不斷地通過了要求國家管理靖國神社的決議案。這一時期強烈要求靖國神社納入國家管理運動具有以下的社會背景。

首先，由於東京奧運會的召開激發強化了國家主義意識。戰敗後，大多數日本人喪失了自信，國家意識也變得淡薄，通過舉辦東京奧運會這一國際盛會，使人們從戰敗後缺少自信、消沉低落的狀態中解放出來。同時，戰後國家意識開始重新急劇膨脹起來。

第二，日本國內出現了明顯的軍國主義復活的動向。根據 1965 年 6 月 22 日締結的日韓基本條約，朝鮮半島南北分裂，日本政府支持大韓民國的朴正熙軍事政權，採取了促使朝鮮半島南北之間關係緊張的政策。並且，1965 年 2 月 7 日，美國軍機轟炸了越南北部，開始了眞正的「北轟炸」。以沖繩爲中心，日本成了侵略越南的美軍事基地，可以說間接捲入了美國對越南發動的戰爭。朝鮮半島局勢的惡化以及越南戰爭的激化，自然開始預感到不久的將來日本可能捲入新的戰爭、出現新的陣亡者。由此開始出現了重新認識靖國神社，期待靖國神社像戰前一樣，作爲追悼陣亡者的設施繼續發揮相應的作用。

在此背景下，1965 年 7 月 160 名海上自衛隊參拜了靖國神社。海上自衛隊官兵全體身著制服，在統一號令下參拜。自此以後，自衛隊和靖國神社的關係變得愈加密切。1968 年 1 月，現役的自衛官中谷孝文在回家途中因交通事故死亡。自衛隊將中谷「合祀」在山口護國神社，其妻子中谷康子作爲原告提起訴訟，要求撤銷「合祀」。這一「訴訟合祀自衛官」所代表的事件（1988 年 6 月 1 日最高法院廢除了原告一審、二審勝訴的判決，原告反而敗訴），事實上已經形成了單方面將殉職自衛隊隊員「合祀」靖國神社的慣行。這表明即使在戰後靖國神社仍然起著與戰前一樣的作用，加大了靖國神社復權的進程。

在這樣的政治環境下，1966 年 12 月，不顧輿論的反對，日本政府以政令公佈了「建國紀念日」。皇室神話起始於 7 世紀的第一代天皇「神武天皇」，日本政府視舊曆 2 月 11 日爲「神武天皇」即位的日子，定爲「建國紀念日」，實乃戰前「紀元節」的復活。同時，自民黨的遺族議員協議會公佈了「靖國神社法案」，之後，要求國家管理靖國神社的運動更加活躍地開展。但是因該法案與憲法有極大的抵觸遭到輿論的強烈反對，亞洲各國也覺察到靖國神社再次復活充當日本軍國主義思想體系發生裝置的危險性，不斷提出了抗議和警告。對此自民黨設立了「關於靖國神社法委員會」，打出了「神社非宗教論」這一戰前國家神道的口號，規定靖國神社不是宗教，強調靖國神社即使由國家管理，與憲法規定的政教分離並不相抵觸，極力進行荒唐無稽的辯解。

1969 年 4 月，自民黨制定了包含上述主張的「靖國神社法案」，打算向下一屆國會提交此法案。與此同時，靖國神社也與自民黨的這些行動相呼應，同年 5 月發表聲明表示，如果該法案成立，即刻從宗教法人中脫離。由於「靖國神社法案」明顯與憲法相抵觸，全國各地掀起了阻止該法案成立的運動。在「靖國神社法案」中，加進了否定靖國神社宗教性質的規定。但實際上，可以說該法案表面上否定靖國神社的宗教性質，本身反倒證明了靖國神社無疑是帶有濃厚的宗教色彩的神社。人們不斷認識到該法案的危險意圖，進一步開展反對法案的運動。自民黨將過去曾一時廢除的該法案再次作爲議員提案提出來，充分表明了自民黨爲實現該法案成立的執意和用心。1974 年 4 月，在衆議員全體會議上終於通過該法案，後送交參議院審議，但是會期結束時自動廢案而告終。

對於「靖國神社法案」，議會中贊成派和反對派展開的對抗中，事實上最後反對派佔據優勢，之後不久成爲廢案宣告結束。對議會立法措施不再抱希望的贊成派，在已有總理大臣以及自民黨保守派國會議員公開正式參拜靖國神社的既成事實下，又變換戰術，試圖爭取靖國神社官式身分的認可。這就是一九七零年代以後反覆重演的總理大臣公開正式參拜。因此，繼藉議會訂立法案的計畫受挫後，官式參拜是另闢途徑，開始轉換戰術的體現。

靖國神社由國家護持和自民黨

以上概述了恢復靖國神社國家管理的活動。那麼歷代自民黨政權是怎樣對靖國神社加以政治利用的呢？

戰後，自日本獨立的 1952 年（1951 年制定，施行宗教法人法，靖國神社 1952 年 9 月經東京都知事認證成爲單立宗教法人）開始，保守政黨具體推出靖國神社國家管理（=國家守護）的構想。最初出台的是「靖國社法草案構想」（自民黨 1956 年 3 月 14 日發表）。對於自民黨內主張國家管理靖國神社的推進派來說，最大的障礙就是日本國憲法第九條「和平主義」（規定放棄戰爭和不能擁有軍隊）和第二十條規定的「政教分離」（保證信教自由和禁止國家從事宗教活動）。

正因如此，將與國家神道密切相關的「靖國神社」改稱爲靖國社，就是企圖從形式上消除這種政教合一的關係。並且，在「靖國社法草案構想」中加進了禁止宗教活動等像似排除宗教的表述，爲設計「靖國社法草案構想」可謂絞盡腦汁、費盡心機。

正如許多法學家所指出的一樣，要使違反憲法的法案成立，這是一種慣用的伎倆。此外，該草案構想中寫有「靖國社，祭祀爲國事殉難的人，表彰其遺德，以高揚國民道義、實現恒久的和平爲目的」（國立國會圖書館調查立法考查局編刊《靖國神社問題資料》1979 年），「英靈」、「合祀」等直接與國家神道有關的用語一概未用。這同樣是表現出一副排除靖國神社宗教性的態勢。

但是，自民黨要將靖國神社改稱爲「靖國社」，並將其置於內閣管理之下的這一構想，遭到了遺族會的極力反對，遺族會實力強大的激進團體是爭取國家管理靖國神社的急先鋒。自民黨這一「靖國社法草案構想」事實上被擱置了起來。到了 1966 年，再次提起國家管理靖國神社的構想，此次恢復使用「靖國神社」的名稱，法案的開頭加上了「按照日本國憲法精神」的詞句，比上一次構想更加明確地強調遵循現行憲法以爭取通過該法案。但是，因靖國神社強硬反對，最終不得不去掉這一表述，加上由於新提出的法案構想中沒有寫明代表靖國神社核心的「英靈」和「合祀」，自民黨的法案再次遭到日本遺族會以及各右翼團體等的反對。

自民黨提出的有關靖國神社法案的構想，在經歷了諸多挫敗之後，自民黨內部的法案推進派也開始轉變態度，在自民黨內開始積極展開恢復靖國神社「眞實面貌」的運動。當時自民黨內出現了稻葉修（1909-1992 年）爲代表的一派，他們堅持「神社=非宗教論」，想要實現國家管理靖國神社。但與此相對，有的也主張不容許排除靖國神社的宗教性。其中，甚至也有表示妥協的一派，爲了排除宗教性，不使用「英靈」「合祀」這些基本用語，而將靖國神社表述爲「緬懷」「英靈」的場所，或者「慰藉」的場所，「稱頌」、「留傳」的場所，極力排除宗教性，由此強調靖國神社並不是將「英靈」作爲「神」來「合祀」的等等，絞盡腦汁，設法出台一個減少與現行憲法抵觸的折衷案。

但是，自民黨內普遍認爲，不可能完全消除靖國神社與憲法的抵觸，對此逐漸達成共識。從此，黨內靖國神社法案推進派漸漸心灰意懶、失去了實現國家管理靖國神社法案的熱忱。在經歷了漫長曲折的過程之後，在 1969 年 6 月第一次上呈第六十一次國會（同年 8 月廢案），1973 年 4 月再次向國會提出，同年 9 月繼續審議、審議凍結，同年 12 月審議凍結解除等等，圍繞此法案經歷了持久的攻防戰。後來，在 1974 年 4 月衆議院內閣委員會上，自民黨單獨表決通過，第二個月的全體衆議員會上，自民黨單獨強行通過該法案。上述的議會內展開的一系列攻防戰，只不過是執政黨與在野黨之間進行的政治交易，至少在自民黨內部，之後提出法案的意欲急劇冷卻。這些議會內的政治攻防，當然與日本社會廣泛掀起的抵抗運動密切相關。即使法案推進派也不得不承認，要想通過法案必須要獲得社會輿論的支持。

1975 年 8 月 15 日，三木武夫（1907-1988 年）首相作爲戰後的內閣總理大臣第一次參拜了靖國神社。雖然三木首相自己解釋說此次參拜純屬個人行爲，但是作爲現職總理大臣，無論怎樣爲自己辯解，對內外都產生了非同尋常的影響。從客觀上來說，在靖國神社法案已經沒有希望在國會通過、成立的情況下，三木首相參拜靖國神社只不過是對黨外勢力的「表面奉承」。三木首相認爲，由於自己在黨內的基礎脆弱，不可能壓制或抗衡要求參拜的日本遺族會等激進團體以及與此相呼應的黨內推進派。這是最終三木首相決定參拜的原因。

中曾根首相參拜靖國神社問題

與其說三木首相參拜靖國神社是出於首相本身積極的判斷，不如說是向黨內外堅持國家管理靖國神社勢力的妥協。但是，進入八十年代，隨著內外形勢的變化，特別是國內輿論右傾化，靖國神社問題出現了一些新的變化。由於日本成功舉辦了東京奧運會、繼而又取得高度經濟成長，在國民中滋生了大國民族主義意識。以輸出爲主導的日本產業結構需要不斷開拓海外市場，特別是確保美國和亞洲諸國的輸出市場都是不可缺少的。

在這種大國民族主義的背景下，即使一般國民以及大多企業家和企業勞動者也都希望徹底消除亞洲太平洋戰爭以來的「反面歷史」。他們不願承認過去的戰爭是侵略戰爭，而是積極接納「殖民地解放」、「聖戰」這一歪曲歷史認識的觀點。並希望在亞洲再次尋求日本發展的基礎，表現出在亞洲稱霸的強烈願望。在一味追求日本的國益和大國民族主義的過程中，日本開始強化與美國的軍事同盟。1978 年 11 月 27 日，日美確立《日美防衛合作指導方針》（所謂的日美指標），將自衛隊確立爲美國的後備軍，開始探索視情況實施海外派兵、強化軍事力量。

1978 年，也是將東條英機、板垣征四郎（1885-1948 年）等 14 名「甲級戰犯」作爲「昭和殉難者」「合祀」在靖國神社的一年。這一「合祀」是當時任靖國神社宮司的松平永芳採取近於武斷的方式強行實施的。戰後，靖國神社一直對「甲級戰犯的合祀」持有愼重的態度。也是出於顧及這一歷史的原因，當時「合祀」是秘密進行的。所以，將可能引發的社會輿論以及對內外的影響力求減少到最小程度。但是，將甲級戰犯代表日本軍國主義的人物作爲「英靈」「合祀」這一事實，隨後引發了激烈的爭論。

中曾根康弘內閣時期，爲了制定適應企業向海外拓展的新國家戰略，開始構想能夠與美國實施共同軍事作戰的自衛隊海外派兵體制、「修訂」憲法。同時，爲了爭取國民對這種企業戰略和國家戰略的支持，必須強化大國民族主義意識。因此，這一時期，促進正當行使自衛隊海外派兵，軍事主義或者軍國主義、民族主義和國家主義的氣勢大增。

福田糾夫內閣率先使自衛隊的有事法制研究合法化，繼而，中曾根內閣積極展開大國思想的國家戰略，在國民中明顯形成了贊同軍國主義思想體系的輿論，比以往任何時候更加積極推行日美軍事同盟路線。中曾根首相在日美首腦會談時提到，加強同盟是爲了「日美命運共同體」的關係，並且自衛隊支持美國對蘇戰爭，採取實施「四海峽封鎖」（東西對馬海峽、津輕海峽、宗谷海峽）的軍事行動，日本列島是座「不沉的航空母艦」，作爲對蘇作戰的前沿基地、兵站基地爲美國提供全力協助（1983 年 1 月）。衆所周知，這一發言後來在國內引發了重大的政治問題。

也就是說，日本明確向美國保證，如果美國在亞洲發動戰爭，日本的自衛隊將與其配合採取軍事行動。並且再次強調了，爲確保美國在亞洲的霸權地位，將日本列島作爲其在亞洲的橋頭堡。這意味著必然進一步拓寬強化國內軍事體制之路。以政治大國、軍事大國爲目標的中曾根首相所推行的這一系列政策，通過官式參拜靖國神社的行爲具體表現出來。

中曾根內閣之前，歷經福田內閣、大平正芳（1910-1980 年）內閣之後的鈴木善幸（1911-2004 年）首相（1980 年 7 月 17 日，成立鈴木內閣），自 1980 年開始到 81 年、82 年每年連續參拜靖國神社，採取的是事先周到計畫的「非官式參拜」的形式，因此並沒有引起大的輿論反響。對此，各國的反應也並不明顯。

但是，1982 年 11 月 27 日，中曾根內閣成立後，參拜問題開始引起輿論的關注。1984 年 8 月，中曾根首相出於個人考慮發起了「閣僚參拜靖國神社懇談會」。翌年 1985 年 2 月 11 日出席「建國紀念日慶祝會」時的「國民典禮」，並於同年 8 月 15 日官式參拜靖國神社。

中曾根首相自身強調堅持「官式」參拜，因此，當然不僅遭到國內輿論的批判，同時亞洲各國也提出了強烈的抗議和反對。中曾根首相本人明知參拜行爲違反憲法，但依然一意孤行堅持官式參拜。中曾根首相想要通過官式參拜，喚起國民的意識，認識到現行憲法規定的「政教分離」是有缺陷的，達到「修訂」阻礙自衛隊發展成國家軍隊的和平憲法。

中曾根首相官式參拜靖國神社，沒有進行具有宗教性質的「手水」儀式，以及「祓除」程式，是事先進行了周密準備後進行的。沒有實行宗教禮儀的話，則認爲與「政教分離」的憲法原則不相抵觸，可爲參拜行爲辯解。從當初來看，中曾根首相的官式參拜看似成功的。但是，亞洲各國，尤其是中國和韓國對參拜進行了嚴正的抗議，其反應之強烈出乎預料。對於中曾根首相堅持推進政治大國、軍事大國的擔憂發展成爲外交問題。中國政府強烈抗議的是，「官式參拜」「合祀」甲級戰犯的靖國神社。不管靖國神社具有怎樣的精神和思想背景，在亞洲各國看來，首相的官式參拜是日本政府明確肯定過去的侵略戰爭和殖民地統治的行爲和態度。

1985 年 9 月 18 日（1931 年柳條湖事件的爆發日），在北京舉行了打倒中曾根政權的示威遊行，這是中國人民對日本軍國主義復活的抗議，對日本首相中曾根以公職身分參拜靖國神社表示嚴厲抗議的群衆運動。在此次示威遊行的第二年，筆者於 8、9 月期間訪問了中國。在北京向聽講的中國外交部的人員做了題爲「中曾根政權的登場和日本軍國主義的復活」的演講。當時使我感受最深刻的是，中國方面對日本首相的參拜行爲感到極大的疑慮不解以及強烈的憤慨。日本政府以及日本人究竟從過去的戰爭中汲取了什麼？是否反省過去採取了相應的政策？他們對日本政府深感失望和不解。

中日兩國恢復邦交正常化，促進了相互間經濟發展，同時，更爲重要的是通過恢復邦交，兩國發誓決不戰爭，並積極努力改善兩國關係，這是無可爭議的事實。在中方來看，中曾根首相參拜靖國神社是一種背叛行爲。

中國方面表示出極大的憤慨和強烈的抗議，這是出乎預料的。在日本，對此首先表現出憂慮的是進入中國市場的企業經營者們。中曾根首相自 1983 年開始，到 84 年、85 年連續官式參拜，1986 年不得不停止了參拜行爲。並且，1985 年 2 月 11 日取消了出席「建國紀念典禮」。中曾根首相參拜靖國神社、企圖復辟軍國主義，其肆無忌憚的行爲遭到來自國內外的嚴厲譴責，最終遭受挫折而中止。

正如政治學、憲法學家渡邊治曾指出的一樣，「日本企業的國際化展開是至關重要的，因爲如今資本企業向軍事大國發展的欲求並不強烈」（渡邊治《日本的大國化和國家主義的形成》櫻井書店，2001 年），中曾根首相想採取中央突破的政治態度，即使在社會輿論明顯保守化的 80 年代中期，也未能贏得日本企業的支持，並且遭到了國民的反對。

九十年代新展開的靖國神社參拜問題

有關靖國神社問題，政府在圍繞 1989 年 1 月 7 日舉行的

「裕仁天皇大葬之禮」議事過程中有了新的展開。堅持推進靖國神社由國家護持的諸勢力本身存在矛盾和分歧，但是，都想要通過天皇換代的一系列儀式，消除社會輿論中對國家主義思想體系排斥或抵觸的因素。也就是說，在「大葬之禮」中，諸如使用神社大門、祭祀殿堂的儀式全部是按照神道的儀式進行的。對於運用這些神道喪祭儀式，各方面曾提出異議，指出是違反憲法的行爲。但是，輿論媒體方面保持低調，沒有對此做出積極的回應和附和。在不斷進行以神社神道、國家神道爲主的儀式中，事實上靖國神社作爲震源，將軍國主義思想意識不斷向外擴散傳播、波及到全國。

自民黨以及各保守勢力，爲了恢復靖國神社的功能，對這種新的可能性加以政治利用。進入 90 年代後，新保守主義政治開始抬頭，主張重新檢討戰後保守政治，以「向國際社會做貢獻」爲名，積極邁向政治、軍事大國之路。他們所提倡的「國際貢獻」，不僅限於經濟方面，也包括軍事方面的貢獻，強調向海外派遣自衛隊做國際貢獻的必要性。

在這些新的保守勢力中，爲了實現包括日美共同軍事作戰的軍事上的「國際貢獻」，首先，需要贏得國民的贊同。爲達成這一目的，重要的理論不是戰後民主主義，而是以天皇以及天皇制爲中心的國家形態，強調要注重加強國家主義的涵養。

而另一方面，戰後日本按照國家主義進行國民統治存在一定的困難，爲此打出了「爲實現世界和平做國際貢獻」這種冠冕堂皇的詞句，名曰發揚國際主義，而實質上是想要擴大自身的軍事力量，抱有這種思想意識的集團勢力大大增強。雖說是新保守勢力，但其構思及方法論卻是多種多樣的。

在此想要強調指出的是，裕仁天皇死後舉行的「大葬之禮」，以及明仁天皇的「即位典禮」和「大嘗祭」儀式等，通過天皇換代的一系列儀式，憲法上規定的政教分離的原則事實上變得曖昧了。

通過裕仁天皇的大葬之禮加強抑制國民的自主意識，並以舉行新皇即位的國家大典動員國民意識，積極宣揚國家意識以及民族主義思想，進而促進人們對天皇制的懷戀和追憶，將國家神道的意識形態滲透到國民的意識中，這是採取與以往不同的形式，成爲讓國民接納靖國神社思想的契機。

1991 年 1 月，海灣戰爭爆發時，日本提供了 130 億美元，想要炫耀展示「向國際社會作貢獻」。因爲這種舉措未必能充分得到輿論的贊同，故不惜拿出巨額資金，以贏得國民的廣泛贊同，支持新保守勢力提出的爲「世界和平做國際貢獻」這一口號。

同時，這一時期對美國戰爭提供人力支援，也就是向海外派遣自衛隊問題成了議論的焦點。由於受憲法制約以及社會輿論的反對，雖然及早放棄了海外派兵的打算，但是政府內對於實現海外派遣自衛隊後可能出現殉職官兵的待遇問題進行了認眞的討論。此外，在市民中間，擔心海外派兵可能造成自衛官兵死傷，因此展開了反對和抗議活動。並且派兵後一旦出現人員傷亡，將殉職者「合祀」在靖國神社的話，是與政教分離的原則相抵觸的，對此，輿論方面也展開了激烈的討論和爭議。

1990 年 11 月 12 日明仁天皇作爲日本第 125 代天皇即位，舉行了「登基典禮」，在此後的大約 10 年間，根據國際形勢的預測，東西冷戰體制崩潰後有可能出現新的戰爭，靖國神社問題再次被提了出來。90 年代強化了日美軍事同盟，重新定義《日美安保條約》、並且簽訂了《日美安保新指標》，加強了各種有事法制的「整備」。在這一時代背景下，小泉純一郎首相公然參拜靖國神社。

將靖國神社規定爲由國家護持的神社，從根本上說是忘記和停止「反省過去」。這是與日本憲法上發誓永不戰爭，與世界人民一起共同創造和平國家這一日本戰後的目標相違背的，是倒行逆施的行爲。

以下，就小泉純一郎官式參拜靖國神社的政治目的和違憲性加以論述，並指出，這種行爲明顯踐踏了日本國憲法所倡導的爭取與周邊亞洲各國和解和共生的理念。

堅持官式參拜的理由

前首相小泉純一郎表明官式參拜靖國神社後，中國、韓國以及亞洲各國不斷提出抗議、要求停止參拜，遭到了前所未有的嚴厲的譴責。但是，日本外交當局認爲通過外交談判可以平靜事態。小泉毫不顧忌亞洲各國人民的抗議，雖然避開了 2001 年 8 月 15 日、但是在 8 月 13 日進行了官式參拜。比預定日期提前兩天參拜只不過是採用了一種權宜的手法。

日本遺族會爲首的諸勢力強烈要求 8 月 15 日戰敗之日進行官式參拜。小泉首相採取了所謂「捨其名、取其實」的做法，一半迎合了國內支持者以及請求參拜集團的要求，同時針對來自亞洲各國的批判，希望通過避開戰敗日參拜、以期減少或平息外部反應。但是，最終的結果是，國內諸勢力表現出不滿，並且失去了亞洲各國的信賴。導致日本和亞洲各國間的關係更加趨於惡化。對於這種後果既然事先已經有所預料，爲什麼小泉依然一意孤行、固執地堅持官式參拜呢？其具體的理由是什麼呢？

第一，因爲黨內基礎脆弱，小泉想要通過官式參拜「靖國」，強化黨內的政治基礎，爭取來自黨外的支持。

從歷史上來看，自民黨及其支持派一直要求官式參拜靖國神社，歷代首相設法維持平衡，從某種意義上講，始終是迎合自民黨的要求。但是，可以說這種迎合的做法對政權的穩定幾乎沒有影響。對於某個時期的政權來說，需要小心謹慎、注意與靖國神社保持不即不離的距離，這是爲了爭取選舉勝利，出於政治上的需要。因爲靖國神社周邊的各團體、組織、集團勢力是不容忽視的，所以必須在贊成與反對參拜的民衆之間求取平衡。

但是，小泉首相堅持官式參拜靖國神社，與歷代首相的官式參拜有著根本的不同。小泉希望通過靖國神社參拜強化政權基礎，積極尋求政治上的利用價值。爲了鋪設右傾路線，獲得黨內外的支持對於維持政權是不可缺少的。也就是說，參拜的目的是爲了強化政權基礎，是出於極其現實的政治判斷。

小泉堅持官式參拜的第二個理由，實際上也是最本質的問題，在小泉當權之前的橋本、小淵、森執政的歷代自民黨政權，一貫追求「和平國家」，小泉政權想改變這一模式，將日本建成爲以日美軍事同盟爲中心的「戰爭國家」。

爲了加速推進這種國家模式的轉變，制定了《地方分權一攬子法》（2004 年），修訂《周邊事態法》（2006 年），一步一步向著戰爭國家邁進。但是對於實現戰爭國家來說，不可缺少的是「能夠戰爭的國民」，官式參拜靖國神社其中也含有喚起國民意識的目的。

總之，在國民中形成一種忠誠於國家目標、誓死獻身的國民意識是「戰爭國家日本」（=高度國防行政國家）必不可少的條件，靖國神社正是可以順應這一目的，發揮效用的政治裝置。官式參拜的眞實意圖就是想重新評價靖國神社的作用，重新創造天皇制意識形態來統一國民意識。

官式參拜問題何在？

針對前首相小泉純一郎官式參拜靖國神社，不必說日本國內，中國、韓國等亞洲各國表示強烈的反對和抗議，美國對官式參拜也接連不斷地表示譴責。

比如，當時韓國駐日本大使崔相龍，到日本外務省訪問，強烈要求「希望尊重韓國以及韓國人民的感情，並表示誠意」，並且，韓國的執政黨新千年民主黨也抑制不住強烈的憤慨，譴責說「儘管亞洲各國以及世界提出嚴厲的警告，還是一意孤行堅持參拜戰犯，這嚴重傷害了包括我國人民在內的亞洲各國人民的感情」。同時，在韓國國內，韓國外交通商部副部長崔成泓，召見日本駐韓大使，提出嚴正抗議，「儘管我國政府多次表示憂慮，依然參拜了象徵日本軍國主義的靖國神社，對此深表遺憾！」。崔副部長強調，給亞洲各國帶來巨大戰爭危害的戰犯「合祀」在靖國神社，這種參拜行爲實在令人遺憾。

儘管亞洲各國提出了諸多的抗議和警告，小泉依然強詞奪理進行辯解，說什麼參拜靖國神社只不過是祈求和平、向陣亡者表示哀悼，並不違背日本憲法，作爲日本人是極其自然的感情表露，參拜是無可非議的正當行爲。這種辯解是站不住腳的，至少從大的方面來說有兩點是極其錯誤的。

首先，小泉所說的「祈求和平」只是其自身主觀的判斷，根本不是尋求普遍意義上的和平。也就是說，戰後日本的和平，當然必須是包括亞洲各國人民在內的世界共同的「普遍的和平」。小泉參拜靖國神社，遭到曾受日本侵略過的亞洲各國人民的強烈反對，以至對日本的警戒和擔憂。這種打著「和平」口號的參拜行爲是與熱愛和平的廣大人民的意志相違背的，必須眞誠接受來自亞洲各國的批判和抗議。總之，小泉所認爲的和平，只是適用於日本的「一國和平」論，並且與大多數祈求普遍和平的日本國民的認識也有著天淵之別。

小泉身爲日本首相其發言和行爲當然是代表日本國家，因此是向世界發佈日本政府的官方見解，其言行必須是基於客觀的並且符合歷史事實，決不能按自己的主觀行事。可是，小泉及其周邊的人，對於自己的言行及其造成的後果沒有任何悔過或反省的跡象。

第二大錯誤就是肯定戰爭的問題。「向陣亡者表示哀悼」本身，屬於按照個人體驗及價値觀的純個人感情問題，當然，他人對此無可指責或進行批判。

但是，首相利用靖國神社表示哀悼之意這一宗教行爲本身違反憲法，固不待言。向美化成「英靈」的陣亡者——侵略戰爭的戰犯表示哀悼之意，不管是出於怎樣的意圖，其結果都以具體行動來肯定日本的侵略戰爭。令人極其遺憾的是，對此小泉首相沒有絲毫的意識和感觸。

作爲一位歷史研究者來看，包括亞洲太平洋戰爭，近代日本國家不斷地重覆侵略戰爭，這是無可否定的歷史事實。日本的侵略戰爭造成大量的日本犧牲、死亡，但是，那決不是英雄的死，也決不是値得頌揚的死。明治以來日本企圖靠軍事手段實現擴大領土和市場這一政治、經濟目標。僅這一點，即使是爲國獻身的陣亡者，也決不是我們後代在亞洲人民面前加以肯定和頌揚的對象。

爲侵略戰爭獻身的陣亡者，可以說他們的死完全是無謂的犧牲，是毫無價值的。他們在天皇和國家的名譽下被強行徵兵參戰，面對饑餓、傷殘以及隨時死亡的恐懼。如果說對這些士兵的處境表示同情，也是自然的。但是他們的行爲決不能視爲英雄的行爲。如果是眞正體諒士兵的痛苦，就必然堅決否定戰爭行爲。只有通過不斷否定那場侵略戰爭，才能眞正慰藉那些陣亡者的靈魂。不要僅僅給陣亡者冠以「英雄」、美化爲「英靈」，決不允許對陣亡者加以政治利用。

為什麼無視亞洲的呼聲？

小泉首相之後，安倍、福田、麻生三任首相沒有參拜靖國神社。但是，不僅限於自民黨，包括民主黨在內的許多國會議員於 8 月 15 日繼續參拜靖國神社，很多國會議員認爲日本應該建成能夠戰爭的「普通的國家」。從這一意義上來講，小泉官式參拜靖國神社不能僅僅視爲個人意願或者個人思想意識的問題，有必要進一步深入探討。小泉參拜靖國神社，是具有某種政治意圖的政治行爲，同時也是日本社會現狀的反映。以下，將對此加以具體分析和論述。

對於保守勢力來說，官式參拜是促使國家主義復活以及在亞洲重建戰後版的日本「國民國家」（nation state）的絕好機會。在保守勢力看來，戰後日本國家觀念變得極其薄弱。此外，進入 21 世紀，日本在亞洲的地位相對低下，在亞洲各國的急速發展中正逐步被淹沒，因此有強烈的危機意識。對擺脫這種危機意識有兩種看法：其一是依據狹隘的國家主義，培育徹底的「國民國家」的價值觀。其二是，與此相反，無論從思想上還是歷史認識上超越「國民國家」，追求普遍的價值，消除「國境」的觀念。從現實來看，日本資本主義的發展已經朝著跨國、國際化發展，局限於一國的經濟已經露出了破綻。

進入 21 世紀後，日本以整備有事法制、行使集團自衛權等爲前提企圖修改憲法，爲加強國家對教育的統治管理修改教育基本法等，結果，在政治、歷史、思想各個領域中，1990 年代小淵、森執政期間並未成爲爭論焦點的問題，到了 21 世紀相繼成爲政治論爭焦點。特別是，靖國神社代表了神道教與天皇制的價值觀，是從政治上加速實現狹隘的「國民國家」的政治裝置。小泉官式參拜靖國神社是以統一國民意識爲目標，努力確保日本在歷史、文化上的地位。在此，並不是完全否定國家主義，但是，至少應該指出的是，企圖重新強化國家主義必將脫離亞洲各國、陷入孤立的境地，阻礙市民意識的發展和形成。

下面，從宏觀的視點進一步加以分析。進入 21 世紀，日本有重新發展亞洲・門羅主義的傾向，小泉的官式參拜，實際上就是具體的啓動標誌。在亞洲太平洋戰爭期間，日本爲了改變至今爲止在資本和技術方面依存於歐美先進國家的局面，建立自立的帝國主義的國家戰略、確立未來國家發展的方向，由此亞洲・門羅主義開始登場。具體來說，就是日本在亞洲獲得霸權地位，最終成爲「大東亞共榮圈」的盟主。

不能按主觀判斷來推測某個國家成爲未來 21 世紀亞洲的主導國。日本想要超越中國等競爭對手成爲主導國，歷史認識問題將成爲突出的問題。日本的歷代保守政權，認爲過去的亞洲太平洋戰爭並非侵略戰爭，而是亞洲解放戰爭，想要從歷史上肯定並確立日本對亞洲的貢獻。

之所以如此，是因爲如果承認過去的戰爭是侵略戰爭，那麼就不能實現現今日本統治階層所構想的「大東亞共榮圈」。爲了在亞洲肯定日本的歷史貢獻，認爲有必要向國內外大力宣傳普及亞洲解放戰爭論。

由此，作爲掩蓋侵略戰爭實質的裝置，再次考慮到了靖國神社的作用。東條英機等侵略戰爭的頭目「合祀」在靖國神社、將其美化爲「英靈」，參拜靖國神社的目的就是想要表明，國家要全力肯定亞洲解放戰爭論。在戰後日本的發展過程中，反覆不斷提出亞洲解放戰爭論。「新的歷史教科書編輯會」所編輯的歷史教科書也斷然否定侵略戰爭，試圖從側面支持新的亞洲霸權國家的誕生。

也就是說，爲了消除日本國憲法中明確記載的過去的戰爭是侵略戰爭這一歷史認識，必須否定憲法的歷史認識。正因如此，「編輯會」的歷史教科書竭力否定侵略戰爭。靖國神社官式參拜問題也和歷史教科書問題以及修改憲法的動向等問題密切關聯、同出一轍。

靖國神社和「國民意識」

經過戰前戰後，靖國神社爲統一「國民意識」，一直是極其重要的思想性、宗教性的裝置。因戰敗被否定的天皇制觀念形態就是統治「國民意識」的核心。這一「國民意識」通過首相官式參拜這一「國事活動」加以正當化，其結果是國家要重新對「國民意識」實施統一控制和管理。

靖國神社想要創造適合於戰後版「戰爭國家」的新的「日本國民」，同時強化「日本人」恢復和強固「天皇制國民國家」的意識。此外，如果持續推進日美軍事一體化，將會出現有事（=戰爭）參戰自衛隊員的犧牲者（=「陣亡者」），按照周邊事態法（周邊發生緊急事態之際爲確保國家和平及安全措施的法律）第 9 條新的有事法制，也有可能會出現民間人士的犧牲。爲了對應這一事態，政府開始及早地準備國家爲將來的「戰死」者進行管理和補償體制。

現舉一事例加以說明。在筆者居住的山口縣，前面介紹的中谷康子的丈夫去世後，爲拒絕將其合祀在神社提起了訴訟，1988 年 6 月 1 日最高法院做出判決後，中谷等依然每年 6 月第一個星期六舉行集會，前往靖國神社下屬的山口縣護國神社要求撤回「合祀」。筆者自身於 10 年前移住山口以來，每年堅持參加這一活動。1991 年 11 月 27 日，強行通過了《PKO 協力法》，1992 年 9 月 17 日第一批自衛隊參與維和部隊從廣島縣吳港出發前往柬埔寨，在這種狀況下，這一集會及要求撤回「合祭」的活動開展得更加活躍。

也就是說，從此時開始，向海外派遣自衛隊成爲現實問題，在可能出現新的殉難者的情況下，政府以及防衛廳（現在的防衛省）方面再次認識到靖國神社的重要作用，因此，開始積極探討靖國神社由國家護持的途徑。日本不斷向戰爭國家演變的過程中，「合祀」具有更加濃厚的政治意義，已經不僅僅是作爲慰藉遺族的宗教性場所。遺族想要得到安撫和慰藉，並不是希望國家將「個人」的死賦予某種政治意義。在此需要指出的是，強制派兵造成新的犧牲者，並爲此準備「合祭」的本身蘊含著極其深刻的問題。

上述的山口縣中谷康子爲拒絕合祀的訴訟事件，山口縣護國神社對我們所提出的撤回合祀的要求，只是不斷重覆說「有祭祀的自由」。暫且不論神社方面究竟對「合祭」抱有怎樣的認識，「祭祀的自由」這一論理正是現在國家直接強調的論理本身。以國家的名義進行「祭祀」，目的是要重新向國民確認「獻身國家」是極其崇高的行爲，必須充分認識和批判這一論理所隱含的危險性。原首相中曾根所說的，創造「甘願爲國而死」的國民這一國家論理，現今正在引發爭議。

戰後，我們通過自覺地認識這種「獻身國家」的錯誤及其危險性，努力接受擺脫成爲侵略戰爭加害者的和平的論理，增強與亞洲及世界共生的思想。決不能容忍國家和神社強調的「祭祀的自由」這種自我編造的論理。

不言而喻，小泉的官式參拜是與憲法第 20 條第 3 項（「國家及其機關都不得進行宗教教育以及其他任何宗教活動」）相抵觸的。同時，在東京裁判中被判處絞刑的東條英機等 14 名甲級戰犯作爲「昭和殉難者」「合祀」在靖國神社，小泉到此參拜就是公開肯定這些戰犯。也就是表明，日本政府不能將以前的戰爭作爲侵略戰爭進行反省和總結。

如果按照小泉所說的，爲日本國家戰死獻身的人們「表示哀悼是自然的感情」，那麼，將甲級戰犯「合祀」在神社，而對那些包括遭受原子彈爆炸、空襲等大量死傷的無辜的人民，尤其是沖繩之戰的所有被害者，國家爲什麼不將他們一起「合祀」呢？另外，在西伯利亞拘留中死去的人們以及在過去的朝鮮和臺灣等殖民地被強制作爲「日本人」參戰犧牲的人們，對所有這些人並不作爲「合祀」的對象，對此，又該如何解釋呢？

由此可見，「合祀」本身的標準就是曖昧的，是根據政治判斷對死者加以區別。從這一意義上講，官式參拜決不是表露自然感情，而是出於高度的政治戰略，只是對死者加以政治利用。甚至可以說是想要歪曲歷史。

1985 年 8 月 15 日，在政府關於中曾根首相進行官式參拜的政府答辯書中，爲了迴避違反憲法規定的政教分離的原則，提出了「目的・效果說」，事實上司法也對此認同，不能根據宗教性的強弱程度而否定憲法原理。引人注目的 1977 年 7 月的津地鎮祭訴訟案，最高法院的判決正是偏重於「目的・效果說」。該判決中「容許的範圍」基準是曖昧的，什麼樣的基準都是可以設定的，事實上，此後同樣的訴訟判決也都是曖昧的。

從這種意義上講，可以說，這一「目的・效果說」是給政教分離的憲法原理打開一個缺口，使憲法空洞化。小泉參拜靖國神社之際並未提出這一主張，但是爲了迴避違悖憲法的批判，繼續依據「目的・效果說」以及津地鎮祭訴訟案中最高法院的判決，由此不可避免地將增加繼續參拜的可能性。

從靖國神社所代表的歷史和宗教來看，換句話說就是代表軍國主義和國家神道這兩個「思想和論理」（=觀念形態）來看，小泉官式參拜靖國神社意味著什麼呢？無非是要「日本國民」仿效小泉的個人行爲，信仰靖國。總之，是要將戰後民主主義否定的思想意識強加於國民，是踐踏了「思想・信教自由」和「政教分離」原則的。

筆者作爲一名歷史研究者，主要是研究日本近現代史中總體戰體制的構築過程。日本自明治以來，對於抵抗天皇權威以及國家權力的國民意志實行壓制，平時利用一切機會和裝置向國民灌輸「對天皇的從屬意識」。由於日本人民沒有經歷過市民革命，也就從沒有充當過創造歷史和政治變革的主角。明治國家也是由於明治維新這一政變促使德川幕府及各藩的封建統治體制崩潰。並且，戰後也同樣是侵略戰爭失敗後，在外部要因主導下而開始的。也許是經歷了這樣的歷史過程，至今許多日本人依然對國家進行的精神和思想動員一直持事不關己、漠不關心的態度。

由於日本近代史的特徵和日本人所處的歷史環境的特徵，進入 21 世紀，再次啓動了靖國神社這一裝置來控制國民政治和意識形態。小泉出於某種高度的政治戰略進行官式參拜，從整體上來看，至少可以將其參拜行爲看作是啓動戰後版的國民精神、思想動員的具體標誌。

此後，自民黨歷經安倍、福田、麻生三屆短期政權，也許是「扭曲國會」的影響以及政治力量不足，雖然三任首相均避開參拜靖國神社，但是至少在政治上依然否定以自由、自治、自律爲原理的戰後民主主義的目標和理念，我們必須保持警惕，防止偏離或改變日本國憲法所倡導的目標和理念。

【第四章】

日本侵略了亞洲

——歪曲歷史而失去信賴

殖民地統治意識的淡薄

日本過去對臺灣和朝鮮實行殖民地統治是無可置疑的歷史事實。但是，戰後許多日本人雖然知道這一歷史，卻對於日本擁有殖民地的歷史背景漠不關心，日本人缺少過去實施過殖民地統治這一自覺意識。在此，突出表現了戰後日本人歷史認識的問題。因此許多日本人，根本不關心遭受日本殖民地統治的人民的感受，也不想瞭解他們又是怎樣不斷對殖民地統治進行抵抗的。並且在此想要強調的是，殖民地統治是在什麼時候、怎樣的情況下結束的？日本人同樣是漠不關心。

本來這兩個問題是密切相關的，但是，戰後日本人並沒有把戰敗和放棄殖民地放在同一層次來把握。當然，其原因與戰後對亞洲的認識是密切相關的。無論是臺灣還是朝鮮，當時都出現了抵抗日本殖民地統治的反日運動，有不少抵抗組織持續開展著抵抗活動。可是，戰後日本人沒有經歷過像法國 1954 年開始的持續 7 年零 6 個月的「阿爾及利亞民族解放戰爭」（1954 年 11 月至 1962 年 3 月），可以說「戰敗」和亞洲諸國的「獨立」幾乎是具有同樣意義的。因此，在日本人的意識裡只不過感到殖民地是「自然消亡」的。

加之戰敗後出現了東西冷戰這一新的國際秩序，由於美國在亞洲的戰略上的原因，將日本的賠償問題擱置了起來。其結果是，在沒有追究殖民地統治責任的情況下，日本能夠順利從殖民地「撤回」。此外，由於朝鮮南北分裂，已經不再是追究日本殖民地統治責任的統一國家。中國也同樣，由於蔣介石的國民黨和毛澤東領導的共產黨之間進行內戰（1945-1949 年），國內同樣處於分裂的狀態。自東西冷戰體制開始，日本檢討殖民地統治的責任問題被擱置了起來，甚至從人們的記憶中也消失了。不僅如此，自日韓兩國簽署《日韓基本條約》（1965年）前後，不斷出現肯定殖民地統治，將其視爲正常化的「朝鮮近代化論」。比如，說什麼由於日本的殖民地統治對實現朝鮮的近代化做出了貢獻啦，由於日本近半個世紀對臺灣實行統治，促使臺灣實現了近代化，從而能夠從中國獲得獨立等等之類的主張。

考慮這些問題的時候，本來必須首先要弄明白亞洲太平洋戰爭究竟是什麼樣的戰爭？這也許乍看起來似乎是繞彎的方法。但是，之所以如此，是因爲對臺灣、朝鮮實施殖民地統治，建立「滿州國」（滿州帝國）代表的傀儡國家，以及對荷屬東印度（印尼）和英屬緬甸，美屬菲律賓的佔領統治等，在追究日本對亞洲諸國的侵入實質方面，最終可歸結爲日本自身如何評價亞洲太平洋戰爭這一立場問題。

如今仍有一些人贊同那場戰爭是「亞洲解放戰爭」的評價，日本曾經是殖民地統治者的自覺意識十分淡薄，其原因就是沒能夠充分概括總結亞洲太平洋戰爭這一問題，在此，想就此問題進行考察。

何謂亞洲太平洋戰爭？

戰後，日本在談論現今的歷史問題時使用「過去的戰爭」這一詞語，這主要是指從「滿州事變」（「柳條湖事件」1931年）爆發到戰敗爲止長達 15 年間的亞洲太平洋戰爭。但是，如前所述，亞洲太平洋戰爭是在以暴力和鎮壓爲特徵的日本近代化過程中發動的戰爭，同樣，日本自出兵臺灣（1874年）開始發動的所有的對外侵略戰爭也不可忽視，都屬於過去的戰爭。先說結論的話，就是亞洲太平洋戰爭是日本對亞洲的侵略戰爭，對英美戰爭是亞洲侵略戰爭的延續。

當然對於歷史的認識和解釋有多樣的觀點和說明，許多與我不同的觀點和主張，並不打算不分原由地一概否定。但是，如果就英美戰爭而言，僅僅將其理解爲侵略和防衛這種兩項對立未免過於單純。比如，有的將其視爲帝國主義之間的戰爭，也有的認爲是法西斯對反法西斯的戰爭。也就是說與英美之間的戰爭包括許多側面，在戰後國內外進行的各種歷史研究中引起廣泛的議論。

但是，從中日戰爭擴展到整個亞洲的帝國日本的戰爭，不外乎都是侵略戰爭。對這一點，必須確立共同的歷史認識。同時，關於日本的殖民地統治，無論從形式上採用了怎樣的融合政策，日本的統治以及對殖民地人民的壓迫是千眞萬確的事實，任何人都不能否定在統治過程中採用軍事強壓政策對殖民地的人民進行恐嚇、強制灌輸日本文化的「事實」。

可是，至今依然有將亞洲太平洋戰爭稱爲「大東亞戰爭」，將其說成是「亞洲解放戰爭」的主張。如今，由於歷史問題引起政治上的爭議和分歧，持有這種歷史認識的政治人物、官僚以及文化人大有人在，其發言也具有一定的政治影響力，引人矚目。

在規定了過去戰爭性質的基礎上，不僅僅是要追問亞洲太平洋戰爭是不是侵略戰爭這一單純的是非判斷，還需要確認亞洲太平洋戰爭究竟是怎樣的戰爭這一基本問題，探討存在問題的原因。根據這樣的課題設定可以從多種意義和多層次上去把握過去那場戰爭，同時也可以探討提倡「解放戰爭」這一主張的背景。誠然這一課題設定包括容許「亞洲解放戰爭」論的可能性，並不是從最初開始否定這樣的結論。如今之所以反覆提起「解放戰爭」論，必須分析滋生這種荒唐言論的歷史認識以及歷史環境，可以說這正是重新認識何謂中日戰爭所不可缺少的方式。

到目前爲止，已經有很多否定「亞洲解放戰爭」論的歷史研究。當然，並不是所有的都達成了共識，我們應該自覺地認識到戰後日本歷史認識欠缺這一問題。正因爲此，最好不採用「開始就有定論」的方法。

對亞洲太平洋戰爭的三種見解

在論述亞洲太平洋戰爭是不是「亞洲解放戰爭」時，至少存在三種見解。

第一，主張有必要弄清楚當時的戰爭指導層（=戰爭主體）發動戰爭的目的，也就是探討「亞洲解放戰爭」論的根據。在此，當然重要的問題是爲什麼會提出「亞洲解放戰爭」論。該主張的觀點是，指導層不得不將戰爭目的定爲「亞洲解放」，是當時的國際歷史環境起著決定的因素。也就是說，提出「亞洲解放」論的根據不是主體且內在的因素，而是受到客觀且外在因素的影響。

第二，就是歷史研究者以及亞洲各國人民對亞洲太平洋戰爭的評價。在此，追究戰爭責任問題，也就是誰是戰爭的主體？誰應該承擔戰爭責任？由此進一步追究殖民地統治、軍政殖民統治的責任。探究戰爭責任的主體是直接關係到戰爭性質和評價的問題，從某種意義上說是戰後歷史學研究的最大課題。由此，日本法西斯研究、天皇制研究、軍國主義研究等全面剖析戰前日本國家，取得了諸多的研究成果。

第三種觀點認爲，反覆不斷主張「亞洲解放戰爭論」，是與戰後日本社會以及日本人的歷史認識密切相關的問題。由此，針對現代日本社會出現的軍國主義、右傾化問題，提出如何檢討反省侵略和殖民地統治的責任是當今亟待解決的課題。爲了對應這一課題，在糾正歷史修正論的同時，找到解決歷史問題的方法，通過學習和認識侵略和被侵略、殖民地統治和被統治這一對立的歷史，從而尋求歷史和解的途徑，可以說這是達成雙方相互信賴的唯一的方法。

日本人對於過去戰爭的加害意識極其淺薄，其中存在著諸多的原因。與歐美擁有殖民地的國家相比較，日本人對殖民地統治的認識也是極其淡薄的。對於那些在殖民地勞動生活、在殖民地出生後來歸國的日本人來說，殖民地也許是往日生活的追憶。但是，對於在日本的殖民統治下、在軍政統治壓迫下忍痛呻吟的殖民地人民來說，昔日處在日本殖民地統治下的生活記憶，是難於忍受的痛苦經歷。可是，戰後許多日本人不能體諒遭受殖民地統治的痛苦和感受，對於那段歷史漸漸淡忘了。究其原因，可以說存在著外在和內在的因素。

最主要的外在因素就是，在東西冷戰的國際大環境中，過去處於日本殖民地以及軍政統治下的亞洲各國、各地區的權威主義政治統治執政，他們獲得日本的經濟援助，同時對於民衆對日本的不滿一直採取壓制政策。尤其是在韓國，軍事獨裁政權長期執政，他們不斷壓制批判日本殖民統治以及要求戰爭補償的群衆運動和呼聲。日本對歷代軍事政權給予扶持和支援、提供貸款，同時通過輸出獲得自身的經濟利益。直到迎來冷戰結束的 1990 年代初開始，亞洲諸國追究日本的戰爭責任的呼聲終於開始表現出來。

在長時期的東西冷戰期間，日本人雖然知道過去擁有殖民地的事實，但是對於過去實施殖民地統治的實際狀況漠不關心。不僅如此，甚至散佈言論說，日本的殖民地統治以及軍政統治不僅在臺灣和朝鮮，甚至在印尼和菲律賓等東南亞諸國，爲推進該國家和地域的近代化奠定了一定的基礎。

在此，圍繞對殖民地統治認識淡薄這一問題，進一步剖析「殖民地近代化論」以及國民意識中至今仍具有的實施殖民地統治的帝國意識。

「亞洲解放戰爭」論的根據何在？

以對英美開戰爲前提，陸海軍當局就戰爭目的（開戰目的）達成協定，於 1941 年 9 月 6 日，也就是臨開戰前 3 個月制定了「對英美法戰爭指導要領」。目前尚不清楚其整個詳細的過程。據現有的資料判斷，最早開始議論戰爭目的是同年 11 月 11 日舉行的大本營政府聯絡會議。當時討論了「對英美法戰爭指導要領」，使用了「自存自衛」的用語。另外，在同年 11 月 15 日舉行的第 69 次大本營政府聯絡會議上，審議了「關於實施南方戰爭事項」，結果，在次日的大本營政府聯絡會議上通過了《促進結束對美英荷蔣戰爭的內部方案》。在此案中表明，將戰爭目的確立爲「迅速擊潰美英法在遠東的據點，確立自存自衛基礎」（參謀本部編《杉山筆記》上卷，原書房，1967 年）。

陸軍方面堅決主張以「自存自衛」爲戰爭目的，而海軍方面則主張，也將建設「大東亞共榮圈」或者「大東亞新秩序」作爲戰爭目的。總之，在進攻東南亞之後，爲了隱蔽侵略戰爭的內幕，確立以自給自足爲前提的戰時體制，提出了「自存自衛」的口號。同時，隨著太平洋戰爭區域的擴大，提出了「大東亞」這一新的地理概念，爲確保日本的霸權開始使用「大東亞新秩序」的用語。

陸海軍圍繞戰爭目的的爭議，在選擇侵略方面相互之間是一致的。但是，正如軍事史研究者所指出的，傾向於短期決戰的海軍和抱定長期作戰準備的陸軍之間存在著戰略上的差異，由此海軍以及海軍部門的指導者對於建設「大東亞新秩序」這一宏大的國家戰略目標持消極的態度。日美開戰後在 1941 年 12 月 12 日召開的內閣會議（東條英機內閣）上，決定將以日中全面戰爭（1937 年 7 月 7 日）爲起點，直到對英美荷戰爭爲止的戰爭稱爲《大東亞戰爭》，但是，此後，陸海軍圍繞戰爭目的的論爭也並未就此罷休。不過，可以說在進入了總體戰階段之後這一矛盾沒有表面化。

自開戰階段開始沒有達成統一戰略的亞洲侵略戰爭，其推進的結果是日本步步敗退，最終敗給了亞洲人民的反日運動和抗日戰爭。但是，戰敗後，由於冷戰結構，日本對亞洲侵略的歷史事實被掩蓋了起來，從而失去了追究和反省歷史事實的機會，所表現出來的則是符合自身需要的亞洲戰爭觀。

1960 年代，日本對亞洲的貿易逐步擴大，隨著經濟關係的強化，再度失去反省認識「負面歷史」的意欲，占主導地位的觀點是：與其清算過去的歷史，更爲重要的是加強現在及未來的經濟關係。日本侵略亞洲及加害責任的問題，在優先發展國與國間關係的背景下被擱置了起來。

亞洲諸國、地區的指導者，爲了加強與日本的經濟合作，努力振興和發展本國經濟，對日本過去的加害避而不提，甚至將過去的戰爭和戰後的經濟發展聯繫在一起，積極評價日本發揮的作用。因此，抑制和消除了以往飽嘗戰爭痛苦的許多亞洲民衆的呼聲。比如，在長期處於荷蘭殖民地統治下的印尼（荷屬東印度、簡稱荷印），完全不顧在日本的軍政統治下發生諸多虐殺事件的歷史，說什麼「亞洲的希望是粉碎殖民地體制。大東亞戰爭是日本代表我們亞洲人決然實施的戰爭」（印尼原首相），並且還一再強調說什麼「印尼要特別感謝的是，戰爭結束後 1000 名日本軍人沒有歸國，協同印尼軍隊共同與荷蘭作戰，爲印尼的獨立做出了貢獻。我們將戰死的日本人祭祀在國軍墓地，稱頌其功績並授予了特殊勳章，但僅僅這樣是微不足道的」（印尼原國防部官員桑巴斯），強調舊日本軍人對印尼獨立做出的貢獻，試圖說明日本和印尼好像自戰爭時期一貫保持了親密友好的關係。

另外，即使在亞洲最大的英國殖民地、過去稱爲英國資本主義「寶庫」的印度，也流傳著日本的亞洲戰爭對印度獨立做出了巨大貢獻的說法。比如說什麼，「緬甸、印尼、菲律賓等東南亞諸國消除了殖民地統治而相繼獲得了獨立，這是日本爲我們點燃了爭取自由之火，我們必須銘記」（原印度國民軍大佐哈比布魯・拉曼），並且還說什麼，「印度不久實現了獨立。是日本爲我們提供了實現獨立的機會。由於日本的協助，印度提前 30 年實現了獨立。這不僅僅是印度，印尼、越南以及東南亞各民族也都一樣。印度 4 億國民（當時）將銘記不忘」（印度律師會會長古拉巴伊・德沙伊）。

戰後，在過去受日本軍政統治的亞洲各國和地區，因各種不同的政治和社會背景，曾一度主張過去的戰爭具有「亞洲解放戰爭」的意義，這也是事實。正因如此，有必要澄淸當時日本究竟是以怎樣的態度和意圖對這些國家和地區的獨立提供「支援協助」的呢？

在此，第一要指出的是，當時日本以外務省爲中心，在形式上極力保證對亞洲各國給予「獨立」和「自治」，其目的是爲了順利實施佔領統治以及避開來自海外的批判和輿論。對此有如下的判斷，即「通過貫徹尊重主權的原則，可以防止陷入英美流的殖民地主義」（同前《杉山筆記》下卷，參照）。

日本開展對英美型殖民地的批判，事實上是爲了掩飾自身的殖民地統治以及實行霸權主義的預謀，探討在亞洲各地確立霸權統治的方式。對於日本來說，在亞洲各國、各地區確保「戰略資源」是戰線擴大的最大目的。因此，爲了持續侵略戰爭，必須掩蓋這種發動帝國主義、擴張政策的侵略戰爭的本質，避免來自亞洲各國人民的抵抗。爲了順利推進殖民地統治，採取相應的口頭優惠是不可缺少的。

第二，爲了推進這種佔領政策，日本積極拉攏當地的指導者和知名人士。第一次世界大戰後「民族自決」成爲國際潮流，對此即使諸列強也不能等閒視之。如今不得不重新認識和改變舊殖民地擁有國壓制殖民地的獨立要求的統治方式。考慮到當時的國際潮流，日本向殖民地的指導者承諾支持其「獨立」「自治」「解放」，不惜提供經濟上的援助。但是，日本提供支援的大前提是推進戰爭、實施佔領統治，其眞實意圖決不是想要提供「獨立」「自治」「解放」。這種殖民地統治方式被稱之爲「新殖民地主義」。

戰後，堅持認爲日本的亞洲侵略戰爭對殖民地「獨立」和「解放」做出了貢獻的，主要有兩種觀點。

第一個就是，爲了確保獲得日本ODA（政府開發援助）爲主的經濟援助，必須要表明「親日態度」。如果僅僅是念念不忘日本過去的戰爭歷史、並要清算過去的話，將影響到與日本的關係。首先重視從形式上保持良好關係的「意義」，由此建立「友好關係」，縮小與日本政府的距離，這是出於政治上的需要。

第二個就是，這些言論大多是出自於過去的實權派、有名望的政治人物或者民族資本家。日本軍佔領造成的危害和犧牲與他們沒有切身的關係，甚至可以說他們是一些協助日本從中獲得了利權的受益者。這些人不僅贊同頌揚「日本的貢獻」的言論，甚至表明親日態度，試圖進一步提高自身在本國的地位。

「民族解放」論的背景

隨著戰局的擴大，陸海軍不僅在戰爭目的方面存在分歧和矛盾，同時在其他重要問題上也出現了新的分歧。那就是是否容忍軍政統治地區實現「獨立」或者「自治」的問題。爲了理解這一問題，有必要考察一下該時期陸海軍部在侵略東南亞作戰結束後制定的各種佔領政策並極力施行的狀況。

當然，佔領政策和結束戰爭的構想是相互關聯的。日本的目標是實行軍事佔領後，儘快建立軍事統治確保資源，恢復治安。比如，對於印尼（蘭印），首先評價印尼究竟能夠提供怎樣的協助和配合，在此基礎上來考慮恢復其主權，也就是考慮容許其「獨立」和「自治」。表明這種容許限度的最重要的文件，有參謀本部制定的《對南方措施綱要》（1941 年 2 月）。在該文件中明確記載了向東南亞發動軍事侵略的目的在於確保戰爭資源，沒有提到爲了擺脫歐洲殖民統治協助其獲得「解放」。

之後，制定了許多有關檔案，審議了菲律賓和緬甸的「獨立」，但目的是爲了建立反美、反英的親日政權。也就是說，日本考慮到在菲律賓對美作戰，在緬甸對英作戰，因此以答應「獨立」的方式，在兩地掀起反美、反英運動，建立安定的對日協力關係。由於在開戰當初形勢已經表明，不可能在佔領地建立像統治「滿州國」（滿州帝國）一樣的傀儡統治，不管是形式上還是間接的手段，應首先承認「獨立」，從而順利實現佔領統治。尤其是外務省方面，爲了避開國際輿論的批判，堅持這種承認獨立的方式。從此時開始，軍部和外務省之間圍繞佔領地的政策出現了明顯的對立。

外務省的基本方針是這樣的。容許讓菲律賓單獨獨立。讓荷印（印尼）在西伯里斯島（Celebes）、爪哇島（Java）、蘇門答臘島（Sumatera）建立「印尼聯邦」，將婆羅洲島（Borneo）、東帝汶（East Timor）、新幾內亞（New Guinea）納入該聯邦的殖民地。而將新加坡直接編入日本帝國的領土，將馬來亞（Malaya）作爲日本帝國的殖民地。但是，陸海軍部對外務省的這一方案基本上持反對態度。在第 95 次聯絡會議（1942 年 3 月 14 日召開）上，東亞局長山本熊一（1889-1963 年，外交官）的發言闡明了外務省這一主張（同前《衫山筆記》下卷）。

除了考慮軍事戰略上的重要地域因素以外，外務省主張容許菲律賓和印尼等一部分佔領地實現「獨立」，其最大的理由，正如政治學家波多野澄雄業已指出的，「通過貫徹尊重主權的原則，防止陷入英美流的〈殖民地主義〉（波多野澄雄《「大東亞戰爭」的時代》朝日出版社，1988 年）。也就是說，外務省清楚認識到，日本爲「確保」「戰爭資源」、以備繼續戰爭這一佔領東南亞的目的，實質上是侵略戰爭，是暴露無遺的帝國主義擴張政策。鑒於此，外務省認爲如果在亞洲繼續進行非人道的戰爭，必將激發和擴大反日抗日運動，並將阻礙對佔領地的統治。正因如此，爲了避免來自亞洲各國人民的反對和抵抗，至少從表面上必須與所謂的歐美流殖民地主義劃清界線。

並且，按照美國的《泰丁斯－麥克杜飛法案》（Tydings-McDuffie Act）（或稱《菲律賓獨立法案》）（1934 年），屬於美國殖民地的菲律賓預定 1946 年獨立，如果獨立之後日本仍繼續實行軍政統治的話，日本佔領統治的野心必將暴露無遺。加之日美開戰大約 1 年之後，有與美國締結和平的構想，爲此，有必要消除對美關係方面的障礙。正如菲律賓的事例所表明的，包括軍部在內的形式上的容忍「獨立」論，是以與美建立和平關係爲條件的，與美國建立和平關係的可能性一旦化爲泡影，容忍「獨立」的方針也將自然地悄然無踪。也就是說，獨立論以及解放論，只不過是爲了牽制以美國爲首的英國以及荷蘭等殖民地宗主國的論理，歸根到底那只不過是爲了隱蔽日本的戰爭目的採取的權宜之計。

在此，需要強調的是外務省堅持主張的容忍「獨立」論，縱使爲時短暫，也曾得到陸海軍部的認同，其中最主要的原因就是，第一次世界大戰後出現的「民族自決」這一國際政治潮流。第一次世界大戰是一場帝國主義國家之間爭奪資源市場的戰爭，亞洲各國及人民是戰爭的靶子。這次世界大戰勝敗歸屬暫且不論，以此爲契機，迫使帝國主義國家對一貫推行的殖民地主義進行徹底的修正。

在這種形勢下，已經不容許帝國主義列強繼續實行以往的殖民地統治，「反殖民地主義」成爲時代潮流，如果用彼得・杜斯（Peter Duus）的話來說，就是進入了「無殖民地的帝國主義」時代。彼得・杜斯認爲，日本以滿州事變爲契機建立了「滿州國」，日本打著「民族自決」的旗號，中日戰爭時期在軍事佔領地也採用了「獨立」和「自治」的統治政策，其主要原因是基於第一次世界大戰後蓬勃興起的民族自決的國際潮流（彼得・杜斯〈無殖民地的帝國主義〉（《思想》第 814 號，岩波書店，1992 年））。

領有殖民地是帝國主義國家成立的必要條件，而當這種必要條件不能繼續維持時就出現了「獨立」「自治」「解放」之類的用語。從而，通過這些詞語的變換，開始了對新帝國主義的探索。滿州事變的結果建立了日本的傀儡「滿州國」，在這一意義上說，超越了既有的殖民地主義，也可以將其視爲探索新的殖民地主義（新殖民地主義或者脫殖民地主義）的一個嘗試。對此，最後將從其他的視點再加論述。

【第五章】

亞洲太平洋戰爭的歷史事實

——卑劣的歷史修正論

「戰爭目的」的視點

在提起「亞洲太平洋戰爭」時，這一名稱所強調的是針對英美帝國主義諸國之間的戰爭，並與日本對亞洲侵略戰爭相關聯。這一名稱與「中日十五年戰爭」和「太平洋戰爭」有著根本的不同。但是「太平洋戰爭」的稱呼是在戰敗後，根據盟軍總司令部（GHQ）的通告，規定以「太平洋戰爭」代替至此爲止使用的「大東亞戰爭」。但是，由於這一名稱的變更，將整個戰爭縮爲「對美戰爭」。要探討亞洲太平洋戰爭的性質，必須弄清楚戰爭主體發動戰爭的目的是什麼？而對這一戰爭目的又將如何進行客觀的評價。就我個人的觀點，稱爲「大東亞戰爭」的亞洲太平洋戰爭是侵略戰爭，對此不存在任何質疑或爭議的餘地。

即使從日本國內進行的各種民意測驗及其結果來看，以完全肯定的態度回答這場戰爭是侵略戰爭的人占 3 到 4 成，如果加上回答是「侵略性的戰爭」或者「侵略性很強的戰爭」的話，儘管「態度的鮮明度」有所不同，但是約 6 到 7 成的日本人認爲是侵略戰爭。根據現在的這種評價結果，讓我們重新來確認一下亞洲太平洋戰爭的戰爭主體究竟爲什麼，是出於怎樣的戰爭目的發動了這場戰爭的呢？

如前所述，日本的戰爭目的主要是爲了建設「大東亞共榮圈」（或者「大東亞新秩序」）和國家的「自存自衛」。但是，這總歸還是「表面上的戰爭目的」，而有關其眞正的戰爭目的，在向東南亞發動武力進攻之前，在大本營政府聯絡會議上決定的「南方佔領地行政實施要領」（防衛研究所戰史部圖書館藏《資料集南方軍政》1985 年）中有明確的記載。

在該要領中，明確提出，「第一方針」，就是「當前對佔領地實行軍政統治、恢復治安、儘快獲得重要國策所需資源，以及實現作戰部隊的自給自足」，明確以努力獲得鋁釩土、錫、石油、橡膠、鎢等重要的戰略資源爲目的。並記載了以下與現地居民的應對方法——「對於原居民，要加強指導、增強其對皇軍的信賴、要避免和防備過早引發獨立運動」。也就是說，日本採取的方針是，防止佔領地自發的獨立運動的擴大，同時，將獨立運動本身置於日本軍統一管制之下。這種對獨立運動嚴加戒備的態度實際上在佔領地的行政方面具體反映出來，對獨立運動嚴加管理和控制。換言之，日本在佔領地的行政方針，是針對社會形勢壓制或者鎮壓獨立運動，並不是扶持佔領地實現獨立。

曾有議論說，日本在菲律賓和緬甸好像表示過容許「獨立」，但是，日本的這種口頭承諾是有特定背景的，那就是如上所述，爲獲取實施戰爭所必要的資源，同時向英美施加壓力，爭取在和平交涉中佔據優勢，其所以有那樣的口頭承諾乃是出於這種政治和軍事兩方面的需要。

將「大東亞戰爭」視爲「亞洲解放戰爭」的根據就是，日本扶助菲律賓和緬甸實現「獨立」。在此，就這一問題重新進行概觀和分析。例如，在日本政府的「菲律賓獨立指導綱要」（1943 年，聯絡會議決定）中，規定菲律賓「獨立」的前提條件是，全面協助日本的軍事行動以及立刻對英美宣戰。總之，菲律賓只不過是以日本爲首的「大東亞共榮圈」的一員，如果菲律賓保證協助日本的戰爭、作爲酬謝其提供協力的臨時手段，口頭上承諾容許「獨立」。不過，即使事態的發展不能按日本預想的推進，一旦表明了「獨立承諾」，就不可輕易毀約放棄，由此開始探討和構築一種與以往殖民地統治不同的、所謂「新統治機構」。菲律賓的具體情況是，在行政的管理層面上，表面上尊重菲律賓人的意志，而在實際的國政營運方面，在立法權和行政權方面則實行了嚴厲的控制。

此外，在菲律賓，仿照「滿州國協和會」（1932 年 7 月成立，以國民統一爲目的組織的政治團體）的做法成立了大政翼贊型的國民組織「新比島效力團」。這是抑制菲律賓人自發開展獨立運動、減少和削弱獨立傾向的組織。順便提一下，「新比島效力團」曾發展爲最多在國內擁有 800 個支部、約 150 萬名團員的一大國民組織（滿州國協和會曾有約 400 萬名會員）。

「殖民地經營」的視點

接下來從帝國日本進行殖民地經營的視點來進行考察。戰前日本的版圖可以看作是以「本土」爲中心，從樺太南半部和千島列島到臺灣、朝鮮這兩個直轄殖民地，向外擴充展開的同心圓。而日本的傀儡「滿州帝國」連接著朝鮮半島的北部。過去，日本曾期望到亞洲太平洋戰爭結束爲止，將中國的佔領地和日本及「滿州」（中國東北部）結合起來，以確立「東亞新秩序」爲目標。但是，開戰之後，在日本佔領了東南亞後，開始形成了以「日滿華」爲核心，以新的廣闊地域爲對象的經濟圈，即「大東亞共榮圈」。這一「大東亞共榮圈」是在與英法美等發達資本主義國家已經形成的經濟圈的競爭關係中形成的，但是爲了彌補日本與發達資本主義國家相比在資本和技術方面的劣勢，不得不更多地依賴於加強軍事力量。

帝國日本自甲午、日俄戰爭開始獲得海外領土，第一次世界大戰後領有南太平洋的密克羅尼西亞島。進而，在亞洲太平洋戰爭之後對東南亞實施軍事佔領，並且實質上在該地區實行了殖民地統治。結果，「帝國」日本，以本國的「本土」爲基礎，其週邊是殖民地（臺灣、朝鮮），傀儡國家「滿州帝國」以及半殖民地化的中國，而最周邊是軍事佔領的英國領地馬來、蘭印（印尼）、菲律賓等統治地域，形成了同心圓的版圖。

這些統治地域都是直接通過戰爭以及軍事武力的威嚇獲得的，但是日本對各地域寄予的期待價值並不相同。作爲甲午戰爭的「戰利品」領有了臺灣，日本將其作爲生產砂糖和樟腦（楠木的葉、枝等蒸餾而成，因爲具有促進血液循環以及鎮痛、消炎作用，用於外用醫藥品的成分）等初級產品的生產基地，因爲日本國內缺少這些原材料。而對於朝鮮半島，日本則期望將來成爲日本實現向大陸國家飛躍的進出據點（橋頭堡）。也就是說，從經濟、軍事等方面來考慮和判斷各個地域不同的利用價值。

這樣對殖民地劃定不同的附加值的做法，雖然不能說是帝國日本的指導者或者國民在達成統一認識下進行的。但是，事實表明，日本在亞洲太平洋戰爭中佔領的東南亞和太平洋諸地域的島嶼也都有各自不同的價值追求。

例如，1943（昭和 18）年 5 月 31 日的「御前會議」上決定的《大東亞政略指導大綱》中，確定將西伯里斯島、蘇門答臘島、爪哇島等「納入帝國領土，作爲重要的資源供給地進行開發，努力把握民心」。在這樣的政治策略及目標下，同時對各佔領地域也提出了新的軍事經濟方面的要求。因此，隨著統治地域的利益擴大，為了維護和加強在統治地域的即得利益，繼臺灣、朝鮮殖民地統治之後，需要建立新的「經營」戰略。

日本帝國對諸地域的經營手段也各不相同。既有像直轄殖民地臺灣和朝鮮一樣設置總督府、採取軍政統治，直接實施統治的殖民地，也有像「滿州」一樣表面依託滿州人進行政治營運，作為日本的「傀儡國家」實施間接的統治，但實質上也是實行完全統治的地域。此外，也有像緬甸和菲律賓一樣，表面上承認其「獨立」，而事實上作為「保護國」實施統治。

以上考察了日本實行統治、管理的殖民地、佔領地，就佔領地的「獨立」來看，如果滿足一定的政治條件的話有可能容許其「獨立」，雖說如此，事實上如果政治條件不完備的話，只是承認形式上的「自立」。特別是隨著與英美的和平預想變得渺茫、漸漸失去和平交涉的意義時，日本政府對容許「獨立」的做法急劇降溫，不再感興趣。而對與英美和平交涉沒有關聯的臺灣、朝鮮，從最初開始就根本不考慮「獨立」的問題。

如果「大東亞戰爭」眞的是「亞洲解放戰爭」的話，日本應該積極推進和支持包括臺灣、朝鮮這些各亞洲國家和地區的獨立。但是，事實並非如此，僅僅是對現地獨立的要求加以政治利用，一旦出現明顯的獨立徵兆，則極力壓制、鎮壓。正因如此，過去遭受日本殖民地統治或軍政統治的各亞洲國家、地區的人民，即使獨立之後也表現出對日的抵觸態度。

歷史認識淺薄的原因何在？

亞洲太平洋戰爭是侵略戰爭。日本爲了維持和繼續殖民地統治和軍政統治選擇了這場戰爭。即使在戰爭結束經過 60 年後的今日，依然還有像前航空幕僚長田母神那樣一直不斷主張「亞洲解放戰爭」論的人。那麼，爲什麼日本國民不能認識過去的侵略戰爭和殖民地統治這一歷史事實，達成共同的認識呢？爲什麼不能認眞檢討和反省戰爭責任呢？

小泉參拜靖國神社雖然在日本國內遭到衆多的反對，但另一方面，也有不少人支持和贊成。那麼，爲什麼竟有那麼多人不願承認戰爭責任呢？在此，必須弄淸這一問題的社會背景和原因，不然要糾正「亞洲解放戰爭論」將是極其困難的。首先就日本人缺乏戰爭責任意識的主要原因列舉如下。

第一，就是錯誤總結亞洲太平洋戰爭。日本政府和很多日本人認爲，戰敗的原因在於與美國的軍備和工業生產力相差懸殊，而沒有意識到亞洲民衆的反抗和抗日民族運動是促使日本戰敗的眞正原因。的確，日本宣佈戰敗，是由於美國投下原子彈提前結束了戰爭，但實際上，亞洲的戰爭特別是中日戰爭陷入沼澤狀態、日本步履艱難難以自拔，因長時期的戰爭導致國力耗竭、國民的厭戰情緒蔓延擴大，這應該說是導致戰敗的最大要因。但是，日本政府和很多日本人卻對這一現實置之不顧，固執地認爲戰敗的原因不是由人的意志決定的，主要是在於工業力的優劣差距。由此得出的結論是，爲了不再遭受悲痛的失敗經歷就必須加強工業，發展成強大的工業國。這種重視工業發展的思想此後成爲促進高度經濟成長的原動力，在這種經濟高速發展和成長的同時，對亞洲侵略戰爭這一歷史事實漸漸從日本人的記憶中消失了。

從戰敗到今日，日本始終堅持與美國的同盟路線，並將其視爲最高國策。大部分日本人也都支持日美同盟。但是，由此以來，完全忽視了對亞洲太平洋戰爭做出符合歷史的客觀總結。我認爲，日本對過去的戰爭進行了錯誤的歷史總結，這一錯誤的總結制約了戰後日本與亞洲各國的關係。儘管日本的侵略戰爭由於遭受美國強大軍事力的打擊而宣告結束，但是最根本的原因還是因遭到亞洲各國人民的堅強抵抗導致了最終走向失敗。如果不從正面接受這一事實，就不能夠眞正自覺地認識到戰爭責任和殖民地統治的責任。

日本政府和日本人缺乏歷史認識的老毛病，在戰後冷戰格局中又進一步加重了。在世界處於冷戰格局中，在美國的亞洲戰略中日本在政治、軍事方面起著舉足輕重的作用。日本靠美國這一保護傘的庇護，壓制了遭受日本侵略的各亞洲國家要求追究日本侵略責任以及戰爭責任的呼聲。加之，許多亞洲國家在冷戰的背景下，軍事政權（印尼、韓國等）或者權威主義政權（菲律賓等）長期執政，剝奪了本國人民要求戰後補償以及追究戰爭責任的機會。

在這種國際形勢下，加上美國對亞洲戰略形成的與亞洲諸國的政治關係，日本避免了本來不得不正視的戰爭責任以及來自被害國的「責難」，而集中於加速發展經濟。日本政府以及許多政治人物不能自覺地意識到這種特殊背景和狀況，好像沒有神經似的大肆狂言，不斷發表一些「荒唐的言論」。冷戰結束後，亞洲各國民主化運動迅速發展，開始重新提出追究日本的戰爭責任和侵略責任，對此，也有許多日本人不能充分認識歷史，而表現出敵對的態度，並極力爲自己的國家辯護。

第二，必須指出的是，大部分日本人沒有自覺地意識到對臺灣、朝鮮的殖民地統治責任。其中也包括上述問題中提到的部分原因。在冷戰格局下，臺灣蔣介石的國民黨獨裁政權長期執政，而在韓國，自 1961 年 5 月朴正熙少將發動武裝政變開始軍事獨裁政權，持續了將近 30 年。雙方都是開發獨裁型政治體制，事實上對追究日本殖民地統治責任的呼聲一直採取壓制和封殺的態度。而且日本與美國一同，不僅對臺灣和韓國提供經濟援助，而且對印尼以及菲律賓等開發獨裁型政治體制也提供了大量的經濟支援。結果，強化了這些國家的政權，通過這些政權長期維持統治，避免了追究日本的戰爭責任問題。

但是，對於日本政府以及日本人民來說，同時意味著失去了反省過去戰爭的機會。雖然大部分人對日本擁有殖民地還存有記憶，但是，那只不過是對「鄉愁」往事的回憶，一直到日韓基本條約（1965 年）締結前後，還反覆叫囂「殖民地近代化論」。也就是說，許多日本人沒有意識到殖民地統治是錯誤的歷史選擇。日本在對朝鮮半島的殖民地統治中，企圖破壞和抹殺朝鮮文化以及朝鮮人的民族同一性。在臺灣也同樣如此，自 1930 年代極力推行「皇民化運動」，強迫學習日語、改姓，毀壞台灣的傳統中國文化，向臺灣人強行灌輸作爲「日本人」的民族意識。

在朝鮮一直提倡「內鮮一體」和「一視同仁」等口號，提出了「統一」「融合」，以消除殖民地人民被統治的意識，掩蓋被統治的現實和狀況，在殖民地極力推進「日本化」（=大和化）。在徹底推行日本化的臺灣社會，如今依然不斷重覆「殖民地肯定論」和「殖民地近代化論」的論調。

業已指出，遭受日本殖民地統治或軍政統治的國家和地區，在日本戰敗時，本來應該提出戰後重建或者戰爭索賠問題。但是，戰敗後的體制以至冷戰時期這種要求被壓制以致被擱置起來。一般認爲「亞洲解放戰爭」論就是在這種歷史的缺口中產生的。換句話說，支撐「亞洲解放戰爭」論的是殖民地近代化論。

第三，是有關亞洲太平洋戰爭本質的問題。這一戰爭是在天皇爲中心的天皇制度下開始並結束的。對英美戰爭和中日 15 年戰爭重合在一起的整個亞洲太平洋戰爭，是在日本軍部的策劃下開始的（滿州事變）。但是，開戰之後中日戰爭發展成爲兩國之間的「全面戰爭」，儘管如此，並沒有明確的宣戰，而僅僅稱之爲「日華事變」。當然，日本政府將「戰爭」說成「事變」是別有用心的，是爲了掩蓋事態，避開國際輿論的譴責。同樣，對英美戰爭也是通過「御前會議」（1941 年 9 月 6 日）這一超越憲法的機構決定了開戰，而 1945 年 8 月 15 日的無條件投降也是在皇宮的密室中決定的。

也就是說，整個戰爭從發起到結束，都是避開了國民的視野，在天皇周邊的空間和人際間決定的。如前所述，正木昊在《接近》中尖銳地指出，「是天皇發動的戰爭、又是天皇結束的戰爭」，正如文字所示，這場戰爭實質上是「天皇的戰爭」，指出發動全民參與的這場戰爭又是一場國民缺乏主體意識的戰爭。正因如此，當時大多數日本人結合自己遭受空襲等經歷認爲自己正是戰爭的受害者，而完全沒有作爲參戰者的加害者意識。

戰後許多日本人認爲，戰前和戰爭期間受了天皇和軍部等戰爭指導者的「矇騙」，自己本身並沒有戰爭責任（=所謂的

「矇騙」論）。這是將國民個人的責任轉嫁給天皇和軍部，從而爲日本國民不必承擔戰爭責任或者反省歷史尋求辯解。

由於亞洲太平洋戰爭的特徵，日本人難於認識到自身的加害者意識。但是，強詞奪理、堅持將這場戰爭說成是「亞洲解放戰爭」的那些人，其潛意識中是想極力逃避加害的責任。「亞洲解放戰爭論」乍看上去，好像是在論述歷史事實，但是實際上心中潛伏著不安和危機感，唯恐被追究長時期一直被加蓋了封印的加害者責任。戰後儘管日本人清楚作爲歷史事實日本無法逃脫侵略戰爭和殖民地統治的責任，但是又不情願去面對和接受這一事實。

當然，日本人這種意識和感情無論如何解釋和說明，對於在殖民地統治下飽嘗苦難的被害一方來說都是不能諒解和寬恕的。亞洲太平洋戰爭，儘管說是「天皇的戰爭」，但是作爲日本人必須捫心自問，爲什麼被那場戰爭「矇騙了」。「受矇騙」不能成爲免除責任的理由。如果不糾正自身的錯誤認識，就不可能反省歷史問題（恢復歷史原貌），也就不可能重新獲得亞洲各國人民的信賴。並且，如果以眞誠的態度重新評價歷史事實，那麼也必將能夠追究戰爭指導者的責任。

僅僅讓一部分軍部的激進派背負戰爭責任，免除了包括天皇在內的政治指導者、精英階層的戰爭責任，不能夠追究眞正的戰爭責任從而導致戰爭責任問題變得曖昧，這正是戰後日本人不能以眞誠的態度面對歷史的問題所在。

重覆「亞洲解放戰爭論」的理由

接下來再從另一視點來探討一下反覆提倡「亞洲解放戰爭

論」的背景。與同屬戰敗國的德國相比較，看一下日本所處的特有的歷史環境。作爲日本同盟國的戰敗國德國，可以說根本不存在掩蓋自己國家的戰爭犯罪或者肯定侵略戰爭的言論或者研究。第一，從法律上對這類言論和研究嚴加限制。並且最主要的是，德國自覺地徹底追究自身負有的侵略責任，如果對納粹所犯下的罪行不進行反省和謝罪的話，歐洲各國也決不容許和答應，德國正是處於這樣一種政治環境中。

戰後，針對蘇聯主導的華沙條約，在西歐則建立了北大西洋公約組織（NATO）。德國爲了加入北大西洋公約組織，首先必須向以往侵略過的各個國家謝罪，並且要保證即使保有軍隊，也決不再發動戰爭。與此相對，在亞洲，則是簽署了日美安保、美韓安保、美菲安保等這些各個國家單獨與美國之間聯結的安保條約，結果是，從戰後亞洲的形勢來看，並不存在迫使和約束日本考慮與亞洲諸國保持良好關係的外在因素。

也就是說，挑起第二次世界大戰戰端的德國企圖實現「德國統霸歐洲」，日本夢想達到「在亞洲稱霸」（在「八紘一宇」的口號下建設大東亞共榮圈）。而戰敗後，德國主動迅速地選擇了「德國回歸歐洲」，與之相應，日本本來應該朝著「日本重返亞洲」而努力，但是，卻全力沿著「日本歸屬美國」的道路急速奔馳。

日本政府竭盡全力協助美軍轉移沖繩普天間基地，在橫須賀美軍基地配備原子能航空母艦以及美駐沖繩海軍部隊遷移到關島等，不遺餘力地協助美軍再編的舉措「令人感動」，日本政府將防衛廳升格爲防衛省（2007 年 1 月），爲了與此對應，防衛省提出將自衛官的級別稱呼恢復爲戰前的稱呼，並要求統合幕僚會議議長由天皇認證（文民統制事實上形式化）。進而，創設了可稱爲日本版的海軍陸戰隊的中央即應集團（2007年4月）等等，如果回顧一下日本政府將自衛隊發展爲國家軍隊以及增強軍事實力的一系列舉措，即使這些與美國在亞洲的戰略密切相關，但是戰後日本與痛改前非的德國相比可謂天淵之別、反差極大。

日本在解決與亞洲諸國之間的歷史問題方面，缺乏自主性，表現出一副心胸狹窄的小國架勢，在強化軍事方面積極追隨與美國的一體化。針對日本政府不願面對歷史、反省過去的這種態度，亞洲各國表示不滿和譴責是極其自然的。在不斷追隨和推進與美國一體化的過程中，日本政府以及日本人漸漸忘卻和抹煞了對殖民地統治以及侵略戰爭的記憶。

歷史的記憶和忘卻

一部分日本人依然固守「亞洲解放戰爭論」，這些人的意識中究竟缺少什麼呢？對此，想進一步加以考察和分析。從對歷史的記憶和忘卻這一視點來看，日本人對被害的歷史事實（像東京大空襲、廣島、長崎原子彈爆炸等）記憶鮮明深刻，但是爲什麼對於加害的歷史事實（像殖民地統治、山東出兵、轟炸重慶、南京大屠殺、平頂山事件、越南饑饉事件等）全然忘卻了呢？顯然，對於自己國家，或者對於自身不利的歷史事實以及否定現在價值觀的歷史事實好像要極力從記憶中抹掉。

日本國的憲法堅持和平主義原理，否定一切戰爭。而持有「亞洲解放戰爭論」的人是否定日本憲法，甚至想要丟棄憲法。日本國憲法將亞洲太平洋戰爭「認定」爲侵略戰爭，因此只有說明日本國憲法的歷史認定是錯誤的，亞洲解放戰爭論才能成立。正因如此，叫囂「亞洲解放戰爭論」者，無視和否定殖民地統治的實際狀況，極力否定南京大屠殺的事實。也就是說，他們爲了達到現實的政治目的，而極力否定、歪曲和捏造歷史事實。這就是「歷史修正論」。歷史事實無論內容怎樣，都是不能被隨意篡改、抹煞的。決不能允許事後按自己的喜好來恣意解釋和篡改歷史事實。同時應該提起注意的一種傾向是，他們通過反覆向國民灌輸被害的事實，從而企圖消除加害事實。

不能人爲改變「歷史」。歷史是人類創造的，同時應該有助於人類社會的發展。修改歷史事實、篡改歷史是向整個人類社會的挑戰。遺憾的是，戰後日本一直在不斷篡改著歷史。戰後保守勢力一貫肯定「大東亞戰爭」和殖民地統治，同時否定南京大屠殺，並不斷讚頌靖國神社。戰敗後隨著時間的推移，日本的社會輿論也已經默認和容忍了這些歪曲的論調，這是不斷遭到亞洲諸國人民的反對並失去信賴的一大原因。

圍繞殖民地主義

那麼爲什麼戰後日本政府和日本人，不能夠正確對待歷史呢？存在著諸多原因。第一，對亞洲太平洋戰爭進行了錯誤的總結。第二，與戰後日本所處的國際政治秩序有關。也就是說，日本戰後的保守政治與美國的軍事戰略緊密地融爲一體，這一結構體系帶來了諸多矛盾。第三就是日本特有的政治文化問題。儘管如此，爲什麼不能正確對待歷史，依然令人不解。要徹底解答這樣的疑問並非容易的事情，在此，通過具體指出戰後日本人不能深刻認識和反省侵略戰爭以及殖民地統治問題，來探討一下尚未解決的殖民地主義問題。

至今在日本社會依然廣泛流行著殖民地近代化論，說什麼由於日本的殖民地統治，對殖民地以及亞洲各地域的近代化做出了貢獻。殖民地近代化論者，不僅主張日本對殖民地的經濟發展做出了貢獻，並且鼓吹什麼擴大了殖民地的人權以及推進了民主主義的發展。他們聲稱日本的殖民地統治促進了臺灣和朝鮮的「文明開放」和「產業振興」。甚至認爲，通過日本殖民地「一視同仁」的統治理念，推行「皇民化」，將臺灣人和朝鮮人的「素質」提高到「日本人的水準」，所以是「消除」歧視和差別的社會運動。爲什麼會依然存在諸如此類的荒唐論理和言論呢？又是怎樣的背景促成這些言論產生的呢？我認爲，其中有兩點是極其重要的。

其一就是在於帝國日本的歷史及其發展過程。帝國日本通過明治維新形成了國民國家，之後確立了全民皆兵制度，取得了甲午、日俄兩場戰爭的勝利，成爲帝國主義、軍國主義國家。以這兩場戰爭爲契機，繼續獲得了臺灣和朝鮮，日本人對於殖民地的認識、日本成爲殖民地領有國幾乎是在無意識中形成的。也就是說，臺灣和朝鮮雖說是殖民地，但是在日本人的意識中將其視爲日本的領土。日本在國民國家形成和殖民地領有之間有一定的時間間隔，可以說，這與英法爲首的擁有殖民地的歐美諸國有所不同。

歐美的殖民地與本國相距遙遠，歷史文化及風俗等也都大不相同，不能將殖民地納入國民統一的對象。可是，日本是將與本國鄰近的臺灣和朝鮮佔爲殖民地，加之，日本領有臺灣和朝鮮時，比起經濟上的利益，更加注重確保軍事上的地理位置。因此否定了曾一時考慮的間接統治方式，採用了由總督府直接統治和皇民化政策。特別是在殖民地臺灣，將其視爲介於正式領土和殖民地之間的位置。亞洲太平洋戰爭爆發後，臺灣人也成爲動員參戰的對象，在臺灣全面推行日語教育，而在此之前的言語政策則將日語教育與本地語教育並重實施。

其二就是，日本人對於原來認爲的殖民地主義轉向新殖民地主義缺乏足夠的認識。回顧近代日本的發展過程，面對歐美列強對亞洲的侵入，日本力圖作爲國民國家實現自立，同時爲了打破封建制、加速實現近代化，在周邊設定軍事緩衝地帶，日本政府認爲領有殖民地是必不可少的。日本將加速國家近代化和領有殖民地這兩大課題作爲表裡一致的目標並行地確立下來。也就是說，將國內實現近代化和國外領有殖民地這一國家政策看作是同等重要的課題，認爲這兩者是近代化不可缺少的條件，這在日本人的觀念意識中已經形成和確立下來。正如神奈川大學尹健次教授在《民族幻想的挫折》（岩波書店、1994年）中所指出的近代化所孕育的暴力性和殖民地性。

日本國內，隨著近代化的發展，國家權力的暴力性明顯增強，同時對外擴大殖民地的欲望不斷膨脹。近代化在暴力的基礎上得以建立，並以暴力作擔保得以實現。正因如此，想要急速實現近代化的帝國日本的暴力性表現得格外顯著。在國內啓動了統一管理、動員、壓制的體制，最終導致了不斷的戰爭和發動侵略戰爭。

何謂「殖民地近代化」論

近年，關於殖民地主義論中頻繁使用的「殖民地近代化」的概念有多種多樣的議論。日本在近代化的過程中顯露的暴力也不斷朝向內部。在這一方面，雖說同是殖民地主義，但是日本和西歐存在一定差異。但是，對國內施加暴力的日本近代化，大多受到壓迫和壓制的日本人爲什麼自身沒有培育和樹立一種批判「殖民地近代化」的精神呢？可以說這正是最大的疑問。我認爲，理由無非在於天皇制國家主義或者天皇制國家體系本身。

正如尹指出的，「由於天皇制在國家主義的形成中起到了核心作用，在日本實現對外獨立和國內近代化方面發揮了極大的作用」（尹健次《在首爾所想到的》平凡社、2003 年），天皇制起到了將殖民地近代化的暴力性加以正當化的作用。對天皇以及天皇制國家的歸屬意識，以及所謂的「國體」精神，增強了國民作爲殖民地保有大國的自負心，所以沒有自覺地意識到面向自己的暴力和壓制。也就是說，日本人對亞洲諸國人民的蔑視和歧視表現的極大的暴力性，是將自己所遭受的暴力和壓抑轉向他人，可以說「壓抑移轉」的原理起到了作用。這正是帝國日本在不斷重演的對外侵略戰爭以及殖民地統治的過程中，施行大量殘忍的虐殺和虐待的原因。

即使現在，也尚未解決「殖民地近代化」這一近代日本的重要課題。究其主要原因，第一就是日本人沒有自覺地認識到殖民地近代化所具有的暴力性，第二就是沒有從掩蓋這種暴力性的天皇制的束縛中解脫出來。正因如此，以往鼓吹殖民地統治正當化的荒唐言論以及「亞洲解放戰爭」論等依然反覆重演。以至進一步炮製出殖民地統治促進了殖民地近代化、即所謂的殖民地近代化論。像這樣的問題，總體上是作爲歷史認識問題加以討論的，對此有必要運用殖民地主義以及殖民地近代化的概念，進行具體的考證和分析。

澄清「亞洲解放戰爭」論

從事臺灣都市史、建築史研究的夏鑄九在《現代思想》（2001 年 1 月）上發表了題爲「殖民地近代化的構築」的論文，其中指出，擺脫殖民地統治之後也依然模仿殖民地統治者的價值觀和精神，處於一種持續的內在的殖民地化狀態，夏鑄九將這種內在的殖民地化狀態定義爲「殖民地近代化」（colonial modernity）。這不過是一個例子，但是含有多種含義被濫用的「日本精神」用語，如果是以肯定讚賞的口氣來說的話，也就是夏所說的「殖民地近代化」的表露吧。

「日本精神」本來是勞動紀律方面的口號，是支持戰後日本經濟高度成長的資本主義經營中全面貫徹的勞務管理手法。提倡日本精神的主張是，如果臺灣致力於近代化和經濟發展的話，那麼臺灣人也必須模仿戰後日本取得近代化；使日本邁向經濟大國的日本人的精神。但是，正如夏所指出的，如果將「日本精神」規定爲表現「殖民地近代化」的話，那就是「缺少主體的殖民地近代化」。市民社會的構築，必須是在擺脫了暴力和壓制的自由、自治、自律的基礎上進行的，但是若以「日本精神」爲前提的話，在缺少主體的社會裡，就會導致自我封閉的結果。臺灣社會散佈肯定日本的殖民地統治或者日本的統治加速了臺灣近代化（=殖民地近代化論）的言論，只不過是夏所說的「殖民地近代化」罷了。

朝鮮與臺灣同樣，處於日本殖民地的統治下，但是，並不存在相當於「日本精神」的朝鮮語。另一方面，在韓國頻繁使用「克日」這一口號。比如，朴政權無條件接受了日本近代化的模式，努力以日本的經濟發展爲目標，但是在此意義上，「克日」這一用語表現了要追上或超越日本的經濟成長，反映了對近代化孕育的暴力性和壓制性缺少自覺認識或者理解。日本「併吞」朝鮮、將其納爲殖民地後，總督府實施「武斷政治」的強權統治，以 1919 年的「3・1 獨立運動」爲契機，齊藤實（1858-1936 年）就任朝鮮總督後，突然改變導入了「文化統治」。其結果是，不斷允許報紙創刊發行等，可以說在一定程度上促進了殖民地近代化。

所謂「文化統治」，是原敬內閣作爲朝鮮近代化的一環，提倡和推行「內地延長主義」，在朝鮮殖民地推行日本近代各項制度的政策，該時期實施了類似於日本的民主改革的殖民地改革、近代化。當時發行了許多朝鮮語報紙，在此過程中，許多朝鮮知識人默認接納了日本的殖民地統治。金玉鈞、徐載弼等進步的思想家，容忍日本的統治，努力實現朝鮮的近代化。戰後韓國社會對他們進行了徹底的批判。這是韓國社會與殖民地近代化訣別，建立以自我爲主體的自立的近代化的見證。

但是，並不能說戰後韓國政治完全清除了殖民地近代化。1961 年，朴正熙發動軍事政變奪取政權後，採取開發獨裁的政治手法在韓國全面實施了權威主義的統治。朴的手法是模仿了日本殖民地統治技術的做法。由此意味著自朴政權開始的三代軍人大總統時代是和臺灣一樣的「內在的殖民地化」時代。

戰後日本和臺灣、韓國（朝鮮）的政治經濟關係，當然不是統治和從屬的關係。但是，日本對於臺灣和韓國，依然沒有消除殖民地統治意識（=殖民地主義），並且在韓國和臺灣，也不能說是自覺地採取措施充分抑制住內在的殖民地化。

日本人在說起臺灣是「對日感情」很好的地區，或者臺灣

「親日」的時候，那不過是殖民地主義的自我表白。另一方面，臺灣人回憶並肯定殖民地統治時期是「過去的好年代」時，那不過是無意識地表白內在的殖民地化。如果我們要實現以自由、自治、自律爲基本原理的市民社會的話，就要注意避免接受現有的近代化論，必須批判和澄淸殖民地近代化的實質。

我們一直反覆強調殖民地問題，是爲了創造超脫「錯誤的近代化」的論理，從而徹底消除我們自身的觀念意識和國家社會所固有的殖民地主義。只有樹立批判精神，擺脫內在的殖民地主義的束縛，才能夠獲得超脫殖民地主義的論理。

另一方面，過去遭受殖民地統治的國家和地區，在英法葡萄牙等西歐列強放棄殖民地經營以及日本因戰敗從佔領地或殖民地撤退時，結束了對殖民地宗主國的從屬、協力關係，實現了脫殖民地或者脫殖民地主義。第一次世界大戰後，已經成爲國際潮流的「民族自決」向世界各地擴展，表現爲蓬勃發展的殖民地獨立運動。但是，在「脫殖民地」的同時，另一方面，也有一些殖民地的社會文化體系發生明顯變化的事例。比如，由於殖民地時代瓜分統治的結果導致的民族對立，以及精英與民衆的經濟差別，或者對舊宗主國的經濟上的依從等，除此之外，有如前所述的容忍殖民地體系的內在的殖民地化問題。

這種內在的殖民地化或者殖民地近代化，導致了肯定殖民地統治的論調，也是在舊殖民地統治國日本出現「亞洲解放戰爭」論的原因。毫無疑問，在日本至今依然沒有明確戰爭責任問題，換言之就是缺乏歷史認識的問題，這是出現「亞洲解放戰爭」論的根本原因。

能否達成共同的歷史認識

前面，就日本、中國、韓國之間歷史認識存在差距的實際狀態及其背景，筆者從一位歷史研究者的立場和視點對日本方面存在的問題進行了探討和論述。但是，能不能消除歷史認識上的差距，如果能夠的話採取怎樣的解決方法，反之，如果不能夠消除的話，原因究竟是什麼？對此想進一步進行考察。

達成共同的歷史認識不可缺少的，就是要放棄自我中心的「一國史觀」，達成「歷史和解」。我認爲，所謂歷史和解，就是撫慰受傷的心靈，重新創造和平的世界。換句話說就是，加強亞洲諸國之間——特別是日本、中國、韓國、臺灣之間——的相互經濟依存，爲實現亞洲地域無核共同體（「亞洲共同的家」），相互之間達成「歷史和解」是不可缺少的。

當然並不是說日本在戰後根本沒有爲取得歷史和解做出任何努力，但是從政策上來看依然沒有明朗的跡象。事實上，在冷戰時期日本取得高度經濟成長和親美保守體制下，日本對於那些遭受侵略戰爭破壞的亞洲各國和地區的戰後恢復，一直是漠然無視的態度。在表面上解釋說以日本 ODA（政府開發援助）的方式代替戰爭賠償，所以在日本人的國民意識中形成了日本政府已經進行了戰爭賠償這種認識。但是，衆所周知，日本ODA（政府開發援助）提供的開發援助資金大多用於被援助國基礎設施的整備建設事業，而承接這些建設工程的幾乎都是日本企業。可以說在當地很少將這種援助方式看作是實際上的戰爭賠償。

也就是說，日本ODA（政府開發援助）不是對遭受戰爭破壞和傷害的亞洲各國人民進行的救濟、支援，只不過是打著促進被援助國經濟發展這一大義名分下，用於日本企業的活動資金。對應戰爭索賠要求的賠償，這也是實現歷史和解的基本條件。正因如此，冷戰結束後亞洲諸國掀起了自由化、民主化浪潮後，由此出現了歷史和解問題。冷戰時期由於一些國家地域實行強權統治體制，壓制了民衆追究日本戰爭責任的呼聲。由此，強烈要求自國政府，重新追究日本的戰爭責任和殖民地統治責任。

但是，到現在爲止，雖然正如「村山談話」（1995 年 8 月 15 日戰後 50 周年紀念儀式上發表，經內閣會議決定表明當時政府的正式見解，發表了題爲「《戰後 50 周年的終戰紀念日》的談話」）一樣，雖然表面上重覆著「謝罪聲明」，但是，很難說日本採取了使亞洲諸國人民可以接納認可的具體行動。加之日本又沒有以眞誠的態度接受來自諸國的批判，更加激發了要求追究責任的呼聲和抗議行動。

不僅如此，正像「靖國神社」問題所顯示的，日本政府部門以及國民輿論，加上媒體也同樣，輕視歷史問題，不斷散佈一些荒唐的、令人氣憤的發言和行動，好像要故意使問題變得更複雜一樣。非常遺憾，在冷戰結束後，日本一直不能抓住機會進行「反省過去」和重新評價過去的歷史，更加失去了亞洲諸國的信賴。如果歷史和解存在困難的話，那麼將不可能建設亞洲各國地域間的信賴關係。

眞誠面對和接納歷史事實，爲了不再失去亞洲各國人民的信賴，只有積極「反省過去」，以眞誠的態度利用各種機會檢討和反省過去的侵略戰爭，爲贏得亞洲人民的信賴做出不斷的努力。

達成信賴關係

建立信賴關係達成歷史和解，當然最大的前提必須確認歷史事實和深化歷史認識。爲此，必須做出具體的令人信服的實際行動。

首先，是如何面對日本、中國、韓國、臺灣各自具有的「國家主義」的課題。用「國家主義」的用語表示同一的國民意識，無論在哪個國家（地區）都突出地表現出來，如何面對這一現實問題。我認爲，針對中國和韓國對日本政界要人參拜靖國神社提出的抗議，不是用一句「干涉內政」來爲自己辯護，而是需要弄清楚爲何抗議，國家和國民針對這些抗議的原因重新進行檢討和認識。

中國和韓國爆發的「反日」運動，可以說其深層的原因是針對日本不能反省過去的戰爭責任而表示的憤慨和抗議。同時，也包括各國家及地區內部存在的矛盾等，通過反日運動的具體形式表現出來。因此，即使指責是民族主義等政治上原因，也不可能有效解決問題。

重要的是，要認識到雙方對問題的理解方式有所不同。在日本，即使認爲是戰爭責任和歷史責任的問題，而同樣的問題在中國和韓國，卻以「民族主義」的形式表現爲社會問題噴發出來。對日本失去信賴和懷疑而發起了「反日」或者「嫌日」的民族主義運動。這一情況要求日本採取冷靜的態度來對應和緩和這種反日民族主義運動。

那麼，怎麼樣才能防止這種民族主義運動呢？最重要的是反省過去和達成歷史和解，同時，需要創造超越一國史、共同擁有的東北亞安全戰略構想。

東亞諸國，形成了多層次縱橫交錯的共同的文化基礎，同時各國和地區又保持其獨自的文化。如果能自覺地認識到東亞的這種歷史特徵，就應該能夠確認所共同擁有的文化基礎，從中也應該能夠獲得認同感。現在的外交僅僅以政治力和經濟力爲前提，由此僅僅是取決於高低差別或者差異。也就是說，只能產生由政治力的強弱所決定的「統治和從屬」關係，或者「侵略和防衛」這種對立的關係。其實並非如此，通過相互對共同的「文化力」的期待，應該能夠探求解決的路徑。尊重自國的文化或文化傳統，並關心與之不同的文化，同樣，通過尋求與其他國家相似的或者共同的層面，探討以文化爲媒介推進國家之間相互的信賴關係也是十分重要的。

當然，這種想法具有一定的危險性。過去日本在實行殖民地統治時，提出「日鮮同祖論」來強調統治對象國和日本之間的共同性，是想要避免被統治人民的抵抗和反對。歷史已經證明，這是以抹煞朝鮮文化爲前提的「文化融合」。但是，遺憾的是，日本既不能「反省過去」，又未能進行「澄清歷史」，即使提出以文化爲媒介建築新關係的設想，也並不能夠得到亞洲諸國和地區的理解和贊同。

由此，爲了和周邊國家建立信賴關係，首先必須達成「歷史和解」。只有達成歷史和解，感受到擁有共同文化的親近感，才是促進人們相互間交流的基礎。

【第六章】

日美安保阻礙了與亞洲的和解

——日美同盟和亞洲

日美同盟給歷史加蓋了封印

戰後，裕仁天皇在會見盟軍總司令道格拉斯・麥克阿瑟時，談到會談目的時講道，「在決定戰爭，做出一切政治和軍事決策和行動方面我負有全部的責任，作爲戰爭的責任者我自身前來聽從您代表的盟國的處置」（道格拉斯・麥克阿瑟《麥克阿瑟回憶錄》下卷）。裕仁天皇此番具有自我犧牲精神的談話，受到了國民的高度評價，這番表白使國民對天皇的敬慕之念遽然增加，戰後作爲天皇逸事反覆被加以引用。

有關《麥克阿瑟回憶錄》中的記載，對於其眞實性和可靠性，現今尙有各種疑義。美國處於盟軍總司令的統帥地位，在制定戰後的亞洲戰略之際，爲了對日本順利實施佔領和間接統治，想要從政治上利用天皇制度。這是完全不考慮英國和蘇聯的意向，自我策劃的構想，當然這種舉措是出於政治上的意圖。正因如此，麥克阿瑟隱蔽了美國的眞實意圖，以天皇自身主動承擔戰爭責任爲由，作爲對天皇免予起訴的依據說明。可以說美國爲了消除佔領政策的最大課題——裕仁天皇的戰爭責任問題，通過讓天皇自己坦言戰爭責任設法爲其辯護。

在當時的情況下，對日本軍國主義體制的最高指導者、侵略戰爭的統帥裕仁天皇無條件免罪，無論是美國還是國際政治形勢都是不可能的。爲此，發表了裕仁天皇與麥克阿瑟的會見中承認戰爭責任和表示謝罪的談話，以此推卸美國的免罪責任和裕仁天皇的戰爭責任，達到一箭雙雕的效果。事實上，對於認爲是會見時天皇的表白，事後並沒有進行核實和確認。1964年《麥克阿瑟回憶錄》出版時，正值舉辦東京奧運會，裕仁天皇出席並宣佈奧運會開幕。「天皇的聖斷」成為日本戰後復興和繁榮的契機，日本成為亞洲最初舉辦奧運會的國家，當時的媒體和社會輿論大肆宣揚頌歌這些舉世矚目的成果。

「聖斷神話」從神話演變到近似「實話」的現實，在日本人的意識觀念中接受並固定了下來。在舉辦東京奧運會前後及其之後，天皇每年都出席在全國各地舉辦的國民體育大會，宣佈大會開幕，事實上扮演了主宰者的形象。通過這些行為和舉措，「聖斷」進一步擴大演變成「實話」。與麥克阿瑟的會見，裕仁天皇為拯救國民不惜犧牲個人的崇高的獻身行為受到國民的敬仰，產生了極大的反響。正是這一原因，裕仁天皇在位期間，其戰爭責任問題一直被加蓋了封印。

限制了日本人歷史認識的美國的意圖

衆所周知，日本戰敗之後，盟國之間就如何對待裕仁天皇的地位和天皇制，曾引發了激烈的爭論。特別是由於英國、荷蘭、中國強烈要求追究天皇的戰爭責任，天皇及其身邊親信都有「相應的思想準備」，用心策劃審判對策，對此，寺崎英成、眞理子、寺崎、米勒在《昭和天皇獨白錄寺崎英成・御用掛日記》（文藝春秋、1991 年）中作了生動的記錄。

然而，對天皇的處罰爭議，依然是美國把握著主導權。波茨坦宣言指出，亞洲太平洋戰爭是恣意的軍國主義倡導者發動的，「欺騙並錯誤地領導日本人民使其妄欲征服世界者之威權及勢力，必須永遠剔除」（第六項），要求嚴格追究軍國主義者的戰爭責任、戰後進行徹底清除。

美國國務卿詹姆斯・巴內斯（James Barnes）對日本政府

試探盟軍的意向所做出的答覆是，「從投降瞬間開始，盟軍最高司令官負有對天皇以及日本政府的統治權限」。也就是說，讓天皇從屬於盟軍最高司令官，實質上是開拓了美國能夠對天皇以及天皇制加以政治利用的道路。雖然波茨坦宣言採取了美英蘇中共同宣言的形式，但是戰後掌握實權的只是美國而已。另外的英蘇中三國，本國土曾長期經受戰爭，儘管是戰勝國，但國內基礎設施遭到嚴重的破壞以及戰爭造成大量的人員傷亡，爲本國的戰後恢復已經耗盡全力，難以他顧。國土沒有成爲戰場的只有美國，從這一點來看美國在戰後國際社會佔有獨特的優勢地位。

美國佔領了日本之後，從戰敗的 1945 年 12 月 8 日到 17 日，令全國各家報刊登載盟軍司令部提供的題爲〈太平洋戰爭史軍國日本崩潰紀實〉的報導。該連載報導持續了 10 天，其意圖主要可以概括爲以下 4 點（吉田裕《日本人的戰爭觀》岩波書店，1995 年）。

①日本侵略戰爭以滿州事變（1931 年）爲起點，從滿州事變開始了中日戰爭以及亞洲、太平洋戰爭等一系列的戰爭。

②僅僅描述了中國是侵略戰爭的對象，輕視或無視中國抗日戰爭的意義，而強調是美國強大的軍事力量擊敗了日本軍國主義。

③僅僅提出以軍部爲中心的軍國主義者的戰爭責任及問題，將天皇及其皇道派、財界、新聞界等溫和派視爲與軍國主義對立的勢力。

④國民受到軍國主義者的矇騙。

由此明顯表明了美國的意圖，就是否認日本戰敗是中國抗日戰爭起決定性的作用這一歷史認識。另一方面，即使是曾支持協助戰爭的勢力，也將其劃爲「溫和派」，事實上不予追究其戰爭責任。將軍國主義者和國民區分開來，只對軍國主義者追究戰爭責任，事實上採取了溫和手法，保護了戰前的權力集團。

可以將這種美國主導的歷史觀稱之爲「太平洋戰爭史觀」。根據這一史觀，亞洲太平洋戰爭是軍國主義國家日本和民主主義國家美國之間以太平洋爲戰場進行的一場戰爭，這場戰爭是美國取得了勝利，日本戰敗。因爲戰敗國日本敗給了美國的民主主義和生產力，所以應該由美國流的民主主義和美國流的資本主義主導進行戰後復興。可以說，這就是勝者美國向日本灌輸的某種歷史觀念。

日美安保條約的歷史觀

日本戰敗後，盟軍開始了長達 6 年的佔領，1951 年 9 月舊金山講和會議宣佈佔領結束，准許日本作爲主權國家重新返回國際社會。講和會議上締結的舊金山講和條約（對日和平條約、Treaty of Peace Japan）中，規定了日本向各盟國的賠償義務（第十四條），美國放棄了賠償要求，同時締結了日美安保條約（Security Treaty between Japan and the United States of America），獲得了向日本政府租借國內基地、使用設施等權力。

戰後，雖說是各盟國共同實施對日佔領，但是除了一部分地域之外，實質上只不過是美軍的單獨佔領。另外，根據日美安保，美國將日本納入了自己的陣營，規定了日本國憲法第九條，成功地將過去的天皇制轉換爲象徵性的天皇制，繼續維持保存了下來。戰後，美國通過這一系列的對日政策實現了在東亞建立美國軍事戰略的優先地位。

美國通過日美安保開始「第二次佔領」時，因爲日本敗給了美國、加入了美國陣營，需要學習和反省導致戰敗的歷史教訓。但是，實際上美國的意圖是，向日本人灌輸「敗給了美國」的歷史認識。這對日美兩國來說，是情投意合的歷史認識和歷史觀。對美國來說，將日本這一前沿基地據爲己有，而對日本來說，通過強化與美國的關係可以逃脫侵略亞洲的責任。

如今，日美關係被稱之爲「至高無上」的同盟，戰後，日本躲進了美國的保護傘下，在國內的言論中形成了過去的戰爭是敗給了美國，並不是敗給中國及亞洲各國的認識，並且過去對朝鮮和臺灣的殖民地統治並沒有遭到什麼指責，能夠免除侵略戰爭的責任。自此以來，日本是敗給了美國強大的物力，即敗給了美國資本主義，這樣的戰爭結論滲透到國民的思想意識中，因此很少認爲是敗給了亞洲人民的抗日戰爭。

另一方面，社會主義中國成立後，對美國來說，需要強化與日本的關係來加築反共的防洪堤壩。正因如此，美國阻斷日中和解的可能性，同時又必須防止韓國以及菲律賓、印尼等亞洲諸國與日本之間因戰爭責任問題發生糾葛摩擦。也就是說，在與亞洲的關係方面，正像美日安保、美韓安保、美菲安保所代表的一樣，美國所期望的是建立與締結國之間直接的關係，亞洲各國只能通過與美國的仲介關係形成聯合協作的方式，而不容許亞洲各國越過美國實行橫向的聯合。

因此，美國的意願是日本與亞洲各國圍繞過去的戰爭形成對立關係，而絕對不希望日本與亞洲各國之間達成相互信賴、相互對話從而實現歷史和解。而另一方面，日本唯恐亞洲各國以及舊殖民地索求戰爭賠償，對日本政府來說美國的態度正是投其所好。因爲如釋重負不再需要面對戰爭責任，可從某種負疚感中解脫出來。戰後，日本搭乘美國亞洲戰略之船，失去了直接與亞洲各國對話的意欲，並將侵略戰爭和殖民地統治的記憶拋擲腦後。

不管是有意識還是無意識地忘卻過去，日本人忘卻了歷史就意味著失去了與亞洲諸國人民之間相互交流的共同語言，與亞洲諸國的關係只不過僅僅局限在貿易及觀光等方面。由此來看，日美安保所確立的日美同盟關係，稱其爲〈日美歷史認識同盟〉也並不過分吧。

「歷史認識同盟」的問題點

戰後日美關係並不局限在經濟和軍事領域。如今日美具有共同的歷史認識，甚至可以說對亞洲以及整個世界的「觀點」也是共同的。19 世紀日本開始朝近代化起步之時，通過外部壓力打開日本封建制度大門，從中美國確實起到了一定的作用。但是，對當時的美國來說，不過是將日本視爲在亞洲殖民經營地的據點，或者說是實現在亞洲稱霸的據點，並不是能夠構築同盟關係的對象。

可是，歷史和文化完全不同的兩國如今結成了牢固的同盟關係，在美國的支援扶持下日本躍居爲代表亞洲的經濟大國。日美兩國共同的國家利益是日本脫離亞洲，即與美國完全同化。日美兩國以資本主義經濟爲共同的基礎，不僅在政治、經濟、軍事領域，甚至要共同分享某些歷史文化。這就是我所說的日美〈歷史認識同盟〉。

但是由於〈歷史認識同盟〉，日本在亞洲陷入孤立的境地。日本追求與美國的親密同盟關係，而在亞洲成爲孤家寡人，失去了亞洲的朋友，沒有建立信賴關係，令亞洲各國感到不安和戒備。並且，日本不能以積極正確的態度反省和認識過去的戰爭。對於亞洲各國不斷追究戰爭責任的要求，日本政府、企業以及日本人對此不屑一顧，一直是漠然處之，主要在於其背後有〈日美歷史認識同盟〉撐腰。這將阻礙日本和亞洲各國達成共同的歷史認識，實現歷史和解的可能性。

關於〈日美歷史認識同盟〉問題，另有一點必須強調的就是有關戰後裕仁天皇的政治行爲。如前所述「聖斷」的方式在接納波茨坦宣言時起到了重要的作用，戰後依然繼續保持戰前的權力。此外，天皇在與麥克阿瑟會談的席間，要求依靠美國的軍事力加強日本的防衛，抵抗共產勢力。這關係到此後的日美安保條約的締結。並且，天皇懇請美國在沖繩設置軍事基地，將其置於美國的軍政統治下。通過上述天皇的言行可見，完全超越了日本國憲法規定的天皇的職能。戰敗後守衛天皇制的帝國陸海軍解體，所以想借助美軍力量增強防衛，裕仁天皇的政治用心昭然若揭。

也就是說，如果不能確保日本整個國家的防衛，也就不能確保國民的安全，裕仁天皇此番言行完全是出於防衛〈天皇制=國體〉的動機。正如許多人所指責的，所謂戰後日本的「國體」，只不過是日美安保體制。如果再稍加補充的話，就是，毫無疑問，當時裕仁天皇意識到，天皇制只有與日美安保體制攜手才能持續保存下去。正因如此，裕仁天皇希望日美達成共同的歷史認識。不，更確切地說，是以共同的歷史認識爲前提，在此基礎上提出日美安保的締結和美軍統治沖繩的吧。也就是說，對日美兩國來說，蘇聯和中國這兩個與日本鄰接的共產主義國家，無論對美國共和制還是對日本的天皇制來說都是共同的敵人，對此兩者的認識是完全一致的。

日本接受波茨坦宣言的理由，在近衛上奏文（1945 年 2 月）等文書中已經表明，對共產主義的戒備和恐懼是其中的一大因素。毫無疑問，裕仁天皇採取懇請美國的這一方式，最終包括達成歷史認識在內和美國結成同盟關係。難於預測共產主義對日本社會的威脅程度，爲此，天皇主觀上也是憂慮重重、坐臥不寧的吧。唯恐共產主義的浸透威脅到「國體」，天皇及其身邊的親信面對戰敗的現實，不僅在經濟、軍事方面，而且在文化、歷史領域方面也極力附屬於美國，由此尋求自我生存。

如今，可以看到，日本在強調與美國具有共同和類似的文化的同時，僅僅是追求與美國保持大量的交流，在與國際社會的交往中缺少主體，失去了自我。可以認爲，其根本原因在於裕仁天皇身先士卒，充當追從依附美國的旗手，由此，戰後進一步擴大到了整個日本社會。

【終章】

面對過去

——戰後世代的戰爭責任

真誠面對過去和尋求和解

戰後日本人欠缺歷史認識的原因，是因爲沒有很好地總結和反省過去的侵略戰爭。而促成曖昧的戰爭總結的「聖斷論」，同時又支撐著戰後的保守體制。戰後保守體制和安保體制成了同義語。正因如此，由於冷戰體制結束而動搖不定的保守體制，在重新定義日美安保的同時，在國內力圖加強愛國主義教育、強化「國家意識」。由此出現了國家主義抬頭這一現象（也包括重新評價岸信介）。加劇這種國家主義膨脹的是靖國神社問題，這就是我撰寫本書的問題意識。

戰後，亞洲各國不斷提出責問，日本政府和日本人究竟怎樣看待侵略戰爭的歷史，甚至持續到今日，依然抱有疑問。我們以怎樣的態度來面對和回答這一質問呢？就此，想談談個人的看法。

對於亞洲各國提出的質問和譴責，只是木然處置，自然不能解決任何問題。我們不能避開戰爭責任問題，而必須不斷加強歷史認識，自覺地糾正認識上存在的錯誤。在論述這一課題之前，首先來確認一下戰爭責任究竟是指的什麼？首先，需要明確導致「戰爭責任」問題的日本發動的「戰爭」，指的是哪一場戰爭？按照通常的說法是亞洲太平洋戰爭（1931-1945年），但是，正如我此前所主張的一樣，我認爲應該包括明治國家成立之後反動的一系列的對外侵略戰爭，以及對殖民地的統治。也就是說，必須將戰爭的起點進一步追溯到臺灣出兵（1874 年）和甲午戰爭（1894-1895 年）、日俄戰爭（1904-1905 年）來考慮和反省，否則就不能從本質上解決這個問題。

我認爲，「戰爭責任」這一用語的理解和使用，首先自身必須具有主體意識，自覺地承擔應盡的責任和義務，爲了從根本上重新認識「戰爭責任」的本質和內涵，必須從明治時期開始日本近代化的全過程來考慮這一問題。

在此所說的戰爭責任具體是指什麼呢？不言而喻，當然是指日本發動的侵略戰爭和殖民地統治給亞洲各國及人民帶來巨大破壞和痛苦，對此應負有的責任（日本造成的戰爭破壞和損害的「事實」）。爲了履行應負的責任，日本必須謝罪和實行補償，並積極尋求和解。同時，日本身爲侵略戰爭的發起者破壞了可能共有的歷史認識，對此必須有自我反省和自我批判精神。

那麼，需要明確的是，究竟誰是戰爭責任的主體？首先，第一是指導侵略戰爭的天皇及戰前實質上對天皇制起著支撐作用的軍部、官僚、政治人物、天皇身邊的皇道派，以及從外部進行支持援助的右翼團體、宗教團體、學界、工會等組織。當然，除此之外，無論是積極的還是消極的，支持戰爭的個人也同樣負有戰爭責任。不過，通常認爲，在負有「責任輕重」方面是各不相同的。從內部支持天皇制的權力精英層與處於天皇制管理、管制、動員的對象、自身的政治權利被剝奪或受到極大限制的一般民衆，不分輕重同等地追究兩者的戰爭責任當然是不合理不現實的。要根據與權力中心的距離，來規定各自應付的戰爭責任的性質和大小。

戰後世代的戰爭責任

下面，就戰後世代是否負有戰爭責任的問題做一探討和分析。我的答案是「負有」戰爭責任，不過有一定的前提條件。

戰爭責任這一概念如果進一步進行分類的話，可以大致分爲①政治責任、②社會責任、③歷史責任、④道義責任等。戰後世代因爲沒有經歷戰前時期，暫且可以免除政治責任和社會責任，但是，我認爲不能免除歷史責任。但是，這不是像歷史學家家永三郎（1913-2001 年）主張的，超越日本國民世代的「連帶責任」。

如前所述，考慮戰爭責任問題首先要明確自己本身是創造歷史的主體，對自明治近代國家成立到亞洲太平洋戰爭戰敗爲止，日本帝國主義發動的一系列侵略戰爭和殖民地統治進行徹底的批判。首先確立這種批判精神，「歷史認識」正是在此基礎上自發地、主動地形成的。政治史和社會勞動運動史研究者高橋彥博曾試想將其作爲「自發主動的戰爭責任論」提出來（高橋彥博《民衆負有的戰爭責任》青木書店，1989 年）。

也就是說，所謂戰爭責任與世代沒有關係，是將自己視爲創造歷史的主體，在深化自身作爲公民的自覺意識的過程中而必然產生的，並不是由於自己是「日本國民」，就命中註定要無條件繼承的責任。戰爭責任決不是由他人規定、強加於人的。沒有合理的理由和令人信服的說明，強加的責任與戰爭責任的本質論是無緣的。

戰爭責任也需要講求道義。日本在過去的侵略戰爭和殖民地統治過程中，殘害了大量無辜，給其他國家和民族帶來了巨大的破壞和損害，使他們飽受了莫大的屈辱和苦痛。日本過去犯下的戰爭罪行是無法抹煞的歷史事實，對此身爲日本國民的戰後世代應該如何認識，也體現了道義上的問題。

由於過去的侵略戰爭背負「罪惡的歷史」，戰後世代也就負有道義上的責任，因此有義務和道義進行謝罪和補償。在此，並不是從客觀上談論是否有道義上的責任。而最主要的是，對於戰爭責任必須是出於自發、主動的認識，道義上的責任是每個人自覺的、發自內心的認識上的課題。正因如此，我認爲，創造一種健全的教育和社會環境，培養國民這種道義責任感，因此需要進一步建設和健全民主主義社會。

政治上的戰爭責任

前面提到戰後世代沒有經歷戰前時期，所以暫且免除政治責任和社會責任。但是，實際上，即使戰後世代也負有政治上的戰爭責任。這與對國家這一政治共同體寄予的期待有關。對近代國家寄予的最低的期待就是維護「個人的權利=人權」。近代國家改變以前的國家形態，將民衆認同和支持的「共同權力」（Common Power）和「法」（Common Law）作爲必要的條件形成了「國家」（Common Wealth）。

爲了維護和確立人權而形成的國家不能坦誠地對待危害他民族的事實，或者將加害正當化時，作爲國民對於國家這種行爲主張若是表示容忍的話，顯然作爲「共同權力」和「法」的主宰者的民衆自身就負有政治責任。誠然，民衆委託給國家的權力是暫時和形式上的，但是對國家的行爲是負有相應責任的。鑒於此，現在的國家不承認過去的國家犯罪，持續拒絕謝罪和補償的時候，對國家的容忍可以說就意味著自我放棄了自身的政治責任。

本來應該屬於民衆的權力，如果國家不正當地行使，民衆手中握有更換的權力。這個權力稱之爲「抵抗權」或者「革命權」，在現行的日本國憲法中，確實在「國民主權」（=人民主權）中繼承了這一思想。

如上所述，戰爭責任問題，是權力的主宰者民衆自身負有的責任。正因如此，各世代是權力的主宰者，其自身必然是與戰爭責任問題相關聯的。如果樹立這樣的認識的話，日本國政府不能眞誠對國家犯罪進行謝罪和補償，這不僅僅是國家和政府的問題，也是每個日本國民的政治責任問題。即使是戰後世代，既然接納了近代國家的原理，並將自己的希望寄託於國家，那麼就要自覺地承擔戰爭責任，爲恢復日本國家應有的態度做出不懈的努力。

戰爭責任超越國境和不受時效限制

以上，論述了作爲日本國家以及日本民族的一員應該怎樣承擔戰爭責任和義務的問題。此外，還必須指出的是，戰爭責任不是一國的問題，並且是沒有時效的。

要論述戰爭責任問題，就需要具有國際的視野。在此，所討論的戰爭問題是以具體的日本國家和日本民族爲前提的，但是這並不限定於特定的國家或者特定的民族，而是應該以普遍的視點加以探討的課題。這決不是將帝國日本的戰爭責任和戰後世代的戰爭責任相對化、或者輕量化。無論屬於哪個國家和民族的戰爭責任問題，都有必須澄淸的負面的歷史事實，如果現在還沒有充分認識和反省的話，無論是自身屬於哪個國家和民族，都不應該迴避歷史事實，積極去正視和尋求解決。這正是我想要強調的一點。

爲了實現和平，首先必須澄淸戰爭責任的問題。但是戰後世代強調國家制度的原因，爲自己辯解從而逃避戰爭責任問題，這是不合乎常規的。

說起戰爭時效，戰爭責任的問題不是隨著時間的流逝而自然消除的問題。並且，即使進行了具體的謝罪和補償，僅僅如此也不能說盡到了戰爭責任。在此，需要強調的是，在歷史認識方面必須直至牢固確立反對戰爭、追求和平的論理和思想爲止，戰爭責任是不存在時效的。

亞洲和非洲頻繁發生的戰爭和紛爭，以及當今世界存在的饑餓、貧困、壓制、歧視等等「暴力」表明，如今世界依然處於「遠離和平的狀態」。爲了從阻礙人權的「遠離和平的狀態」中掙脫出來，戰後世代也應該自覺地擔負起歷史的責任和義務，以自身的行動持續不斷地履行戰爭責任。因爲戰爭責任沒有時效，是持續永久的課題。從這一意義上說，日本基督教團舉行的「坦白戰爭責任」正是基於戰爭責任沒有時效這一歷史認識而發起的活動。毫不隱諱地「坦白」發動侵略戰爭的歷史事實，並由此澄淸戰爭的罪過，正是教徒誓言要持續不斷地進行「贖罪」吧。

在此，作爲個人需要有強烈的自我意識努力解決的課題就是，戰爭責任並不是一個抽象深奧的概念，是與德國人所說的罪責問題（Schuldfrage）的觀念相近的。「坦白戰爭責任」，希望戰後世代將沒有時效的戰爭責任視爲個人自身的問題來對待，可以說爲我們提供了一個重要的啓示和課題。

戰後世代的「戰後責任」

在論述戰後世代的「戰爭責任」時，同時也有必要提出戰後世代的「戰後責任」這一問題。德國記者拉魯夫・佐丹奴在《第二犯罪—身爲德國人的重負》（原題目爲：Die zweite Schuld oder Von der Last Deutscher zu sein. 日文版翻譯：永井清彥等、白水社、1990 年）中，將希特勒的「第三帝國」時代德國人所犯的戰爭罪行稱爲「第一犯罪」，而將第二次世界大戰後德國人有意或者無意地默認、隱諱、歪曲、否定「第一犯罪」的行爲稱爲「第二犯罪」，嚴厲追究了德國人的戰後責任。

從拉魯夫・佐丹奴的「第二犯罪」論來看，確實對於戰後世代並沒有追究「第一犯罪」。所謂「第一犯罪」是指直接參與戰爭犯罪而引咎的戰爭責任。拉魯夫・佐丹奴將不能自發主動地認識「第一犯罪」，自身不願將「第一犯罪」視爲自己的責任去認識和履行的行爲規定爲「第二犯罪」。也就是說，只有通過自身繼續承擔戰爭責任的行爲，強化歷史認識，才是履行了「戰後責任」。戰後世代具有防止「第二犯罪」的責任和義務。

戰後，德國爲徹底「反省過去」的戰爭犯罪，一直做出了積極不懈的努力。不僅如此，依然提出了「第二犯罪」警示戰後世代不斷自省。而日本，戰後極其粗淺的歷史認識使戰爭責任問題變得曖昧，在一味強調自身被害的輿論中，戰爭責任問題被丟棄和遺忘了。

實際上，戰後世代面對著許多有待解決的課題。戰後，日本人的政治意識及歷史觀在很大程度上受到冷戰結構的影響，對於大多生長在戰後的日本人來說，在所處的社會中難以找到共同普遍的歷史認識。冷戰結構不僅是美蘇爭霸的問題，這期間，日本和亞洲諸國之間，日本失去了反省過去加深歷史認識的機會。眞正的問題是，對此，戰後世代並無悔悟，表現得麻木不仁，而只是一味尋求日本自身的「民主化」。忘卻了日本侵略戰爭的事實，由此愈加失去了遭受日本侵略的亞洲各國人民的信賴。比如，忘記了巴丹死亡行軍、南京大屠殺、新加坡屠殺等事件，而廣島、長崎原子彈爆炸、西伯利亞扣留等卻深深銘刻在記憶中。

戰後世代根據對自身的利弊將歷史的忘卻和記憶區別開來，隨意重新構築歷史，指責這種行爲是持續的「第二犯罪」，並不嚴厲和過分吧。

只有對隱諱過去的歷史事實和忘卻過去的行爲加以批判，戰後世代才能澄清模糊認識，自覺地履行戰爭責任。不能接受「過去規定著現在」這一歷史看法，將侵略戰爭只不過視爲過去的事情而丟棄在遺忘的角落，目前這種危險的理解和認識依然表現得格外突出。現在，重要的是應該徹底反省「過去」，不能眞誠面對過去，就不能獲得我們所期望的「現在」。尤其是對於生活在「現在」的戰後世代，要求他們自覺地樹立和擔負起履行戰爭責任和戰後責任是義不容辭的義務。

暗中活動的歷史修正論者

「日本敗給了中國」，這是戰後日本反省過去、面對歷史時的出發點。

但是，日本社會存在一些被稱之爲「歷史修正論者」（revisionisme）或者「歷史否定論者」（negationnisme）的歷史「修正」論者，如今依然具有一定的影響力。歷史修正論者們否定本來是創造歷史主體的個人，強調和肯定國家是管理、修正歷史的主體。因此，若是有損國家利益的歷史事實，就極力進行主觀上的說明，試圖抹煞或隱蔽。衆所周知，德國的歷史修正論者試圖隱蔽和歪曲納粹主義的侵略這一儼然的歷史事實。在美國，得到「自由壓力團體」支持的「歷史修正會議」等開展有關活動，在法國，以右翼政黨「國民戰線」爲中心，提出「修正」法國共和制的歷史。

而在日本，歷史修正論者的活動也曾喧騰一時。朝日新聞社記者（當時）本多勝一在所著的《中國之旅》（朝日新聞社，1972 年）中揭露了日本軍在中國所犯下的罪行。對此，紀實文學作家鈴木明在《文藝春秋》（1973 年）上發表「『南京大屠殺』的虛構」一文進行了猛烈的反駁，試圖全面否定南京大屠殺。

另外，即使最近，一些竭力否定歷史事實的活動也十分引人注目。比如，原沖繩戰的指揮官及其遺族，針對大江健三郎著的《沖繩筆記》（岩波書店，1970 年）所記述的內容，對作者大江和出版社岩波書店起訴，要求名譽損害賠償和停止該書的出版。因評價舊日本軍引發爭議的裁判事件，雖然 2008 年 10 月 1 日大阪高級法院駁回了原告的訴訟，但是原告不肯就此罷休，正在上訴最高法院。此外，日本思想史研究者東中野修道等，反覆發表言論指責南京大屠殺事件的倖存者夏淑琴的證言是虛構的，結果東京地方法院以名譽損害訴訟案開庭審判，2008 年 6 月，東中野等南京事件否定派以敗訴告終。

對於德國的歷史修正論者來說，否定毒氣室的事實是關係到自我生存的問題。而在日本，歷史修正論者在開始爲構築新的帝國主義國家進行活動時，南京大屠殺是必須否定的歷史事件。他們首先否定侵略戰爭這一事實，由此偷樑換柱，將侵略戰爭改說成「亞洲解放戰爭」論，最終目的是要肯定和稱頌日本的戰爭。

歷代有諸多的首相以及執政和非執政黨的政治人物們公開參拜靖國神社，歸根結底其行爲無非是想要修正歷史。也就是說，無論是有意還是無意，都是企圖「公開」宣佈修正歷史，使其法制化的政治行爲。亞洲各國對公開參拜表示強烈反對，是因爲參拜是忘卻過去戰爭的行爲，其中隱藏著想要修正侵略歷史的意圖。

不僅如此，在教育領域，現行的「教科書檢定制度」使歷史教育的目的和理念形同虛設，導致了「官製國史」的強行實施。換言之，「教科書檢定制度」是以國家進行「歷史一元化管理」爲目的，即採用檢定制度的形式將所謂的歷史修正論變得「合法化」、權威化。由於這一制度的設立，使我們失去了客觀地公正地評價歷史的機會，對此，我們決不可熟視無睹、等閒視之。

歷史的「收復」

如前所述，日本這一國家，作爲「歷史管理」者總是試圖歪曲和隱蔽過去的歷史事實。不僅有很多忠實於這一國家路線的政治人物，也不斷出現一些充當走卒的歷史修正論者。對此，我們有責任和義務揭露他們的犯罪行爲，從國家掌控管理中「收復」歷史。如果我們能夠靠自身的努力收復歷史的話，那麼，就一定會驅逐掉歷史修正論者。提高對歷史現狀的危機意識，抵制歷史修正論的發展。爲此，不斷反省過去、強化歷史認識是我們唯一的選擇。現在，在反省過去的同時，我們擔負著歷史的「收復」這一課題，主要概括如下：

第一，就是歷史的「忘卻」和「記憶」。在亞洲各國看來，日本政府總是想要掩蓋過去的歷史，許多日本人在忘卻過去的歷史。作爲有良知的日本國民，我們應該警示和「揭露」這樣的政府和人們，靠自身的努力進行歷史的「收復」，實現與亞洲各鄰國共同的歷史認識。這也是與過去遭受侵略的國家和人民達成歷史和解的第一步。

戰後日本政府以及大部分日本人，不能將侵略的歷史事實視爲自身的問題，而只是將過去的侵略戰爭看作是「過去的事情」而「相對化」，忽視了「過去規定著現在」這一重要的歷史視點。況且，日本將「侵略戰爭」這一不利自國的「過去的記憶」列爲抹殺忘卻的對象。這種「卑劣」行爲只能遭到有正義感的人們的唾棄。

這種「人爲操作」的歷史忘卻只能使自身陷入孤立、失去信賴。也就是說，爲什麼將廣島、長崎和西伯利亞扣留、「玉碎」等「過去的事情」銘記不忘，而將臺灣出兵、山東出兵、平頂山事件、上海渡洋轟炸、重慶轟炸、廣州轟炸等全然忘卻了呢？這種按人爲的意圖將歷史事實重新劃分爲「忘卻和記憶」，正是令人憂慮的問題。

第二，現在，不僅僅是歷史學界，各個領域就「羞恥」問題展開活躍的討論。在考慮這一問題時，首先想介紹一下兩位德國政治人物的發言。

首先要介紹的是由德國保守黨、基督教民主聯盟當選首相的赫爾穆特・科爾（Helmut Kohl）的發言。

「在歷史面前，德國對於納粹的暴行及其造成的危害負有責任。並且在不限時效、羞恥和悔過中表明這一責任」（法國

《世界報》1985 年 4 月 25 日）。

這一發言的本意是坦言「羞恥」，提醒和警示那些沒有悔過和羞恥感的人們。大多數德國人支持了發動侵略戰爭的希特勒納粹政權，並且，魏瑪共和國的德國人合法地選擇了希特勒政權，鑒於這些歷史事實，科爾首相是爲了警示現代德國人明確講出這番話的。通過這一發言，科爾首相對至今沒有愧對過去感到羞恥的德國人，要求在謝罪的同時，決意斷絕與戰前納粹政治社會的關聯。與此相比，日本的政治人物大言不慚、毫無羞恥地不斷重覆「侵略否定論」，實在是相形見絀。不僅如此，還將戰前和戰後密切連接一起，肯定過去的歷史。這種鮮明的對比和形成的反差意味著什麼呢？

另外還有一個重要的人物，里夏德・馮・魏茨澤克（Richard von Weizsäcker）（當時的德國大總統）的發言曾被頻繁地引用。

「我們必須靠我們自己的力量發現（判斷的）基準。自我安慰或者依靠他人來安慰自己的心靈，並不是最有效的。不是隱瞞掩蓋過去或者片面地看待過去，我們需要有勇氣和力量盡可能地面對眞實，實際上我們具有這種力量」（《荒野的 40 年》岩波書店・岩波小册子，1986 年）。

上述兩個人的發言中都分別強調，必須將侵略和加害的歷史事實「刻記在心」（Erinnerung），由此使全體國民明確加害的主體和被害的主體，以實際行動向被害者進行「補償」和「謝罪」。在議論戰爭責任問題時，如果僅僅是以二元論的觀點來區分爲加害和被害或者敵方和我方的話，則難於找到和解的途徑。我們必須首先做到確認「過去規定著現在」，努力使自己成爲歷史的主體，這正是需要我們設定的課題。

戰後，日本國家隱瞞掩蓋過去的歷史或者強行「改寫」歷史，對此日本的市民社會不能有效地對應，採取相應的措施，其根本原因就是日本戰後沒能認眞探討和設定歷史認識這一重大課題。不僅如此，對於戰後的「和平主義」和「民主主義」的實質不加深究，在全力追求利益至上論的「經濟發展路線」中，有意或者無意地忘卻了過去的歷史。

各種各樣的歷史觀

現今，有關亞洲太平洋戰爭的歷史事實，得到了充分詳細的論證。可以肯定地說，戰後日本人的觀念中基本上確立了亞洲太平洋戰爭是日本發動的侵略戰爭這一戰爭觀和歷史解釋。進一步揭露和批判發動侵略戰爭的戰前社會，同時消除戰後社會的弊端，在由戰前發展演變而形成的現代社會中確立正確的歷史觀、深化歷史認識的運動正在廣泛開展。不斷批判和「反省過去」，正視「作爲現在的過去」，深化歷史認識。

不能將「過去」僅僅視爲時空上的「事情」來處理。蓄意歪曲、隱瞞歷史，出於特定的政治目的捏造歷史都是極其卑劣的行徑。比如苦費心機炮製了所謂「美英同罪史觀」「自衛戰爭史觀」「亞洲解放戰爭史觀」「殉國史觀」「英靈史觀」等等。標榜這些歷史觀的人的共同點就是，指責一方的「犯罪」來「相對地」減輕自己的罪過。其放棄歷史責任，逃避歷史責任的卑劣行爲昭然若揭。按這種觀點，是不可能實現共同的歷史認識，創造亞洲的「和平共存關係」的。

最後，就與上述歷史觀相對立的我們這一邊所存在的問題簡要概括如下。

我認爲，依然反覆提起「回歸戰前」，實際上是很大的問題。國會曾經審議了「否定侵略決議案」。在批判這種反動的政治攻勢時，作爲戰後一貫存在的反動的代表，僅僅是反覆「回歸戰前」也根本不能解決問題。要擺脫固定的思維模式，必須時常把握現實的政治課題。總之，「回歸戰前」論，畢竟是「曾經聽到的議論」，不能對應和抵制個別發起的「反動」攻勢，以致現實社會反動勢力更加囂張猖獗。

從戰敗到現在，保守政治對應各個時期炮製和發表「反動」言行，對此僅僅理解爲向戰前法西斯的復舊，就不能切實把握「新的危險」的本質。反動言行總是以新的法西斯形態及其內容表現出來的，有必要對這種新的手法及內容進行透徹的分析和採取果斷的對應。

比如，本書第三章中所論述的靖國神社問題，在戰後權力精英建立新的國家構想中佔有重要位置。戰後權力精英們認爲，藉由國家對思想和宗教信仰的管理，構築可能的政治體制，平時從思想上灌輸宗教信仰的自由，最終從政治上思想上動員國民達成國家目標。並且與今後對應的「動員」方式，不是採用像戰前一樣露骨的強制手法，表面上將採取國民同意、協調的方式。這正是所謂的「微笑的法西斯」。

此外，必須充分注意到如今權力機構通過媒體操縱資訊發揮了有效的作用。操縱資訊喚起市民的危機意識，是以「排除的理論」（齊藤貴勇《安心的法西斯》岩波書店・新書，2004年）誘導市民。市民對日常生活中的「異端」變得敏感，想要排除社會上的異常事物。我們要正視並向這種破壞市民自主的權力機構挑戰。在本書結束時再次強調，今後一個長期而重要的課題就是不斷捫心自問「我們的戰爭責任」。

後記

長期以來，我主要從事二十世紀二十年代、三十年代的歷史研究，我深感戰前的歷史與戰後日本史極其相似。自己的這種感受，我想不僅通過學術論著來闡述，更希望能夠通過通俗的著作，與廣大讀者對話溝通的方式來表達自己的看法和觀點，近年這種想法更加強烈。我的這種想法得到了凱風社新田准先生的贊成。

在本書的寫作過程中，得到了新田先生的全力支持，2006 年 11 月，在我任教的山口大學召開了日本和平學會，最初與新田先生商談寫作計畫時的情景至今記憶猶新。自此經過了兩年半的時間，本書能夠順利出版並與廣大讀者見面，在此，向負責本書編輯的新田先生表示由衷的感謝。

最後，將各章內容再簡要概括如下。

「序章　帝國日本的原型及其再登場」，2008 年 11 月，即所謂的田母神徵文問題引發激烈的爭議，以此爲話題，主要概括了本書寫作的目的和課題。本書編寫的問題意識是以昭和初期的 20 年和平成時期的 20 年極其相似爲視點，從描述歷史事實開始論述，強調了總體戰時代，在充斥法西斯主義以及軍國主義的狀態下的歷史過程。並指出了現今時代，依然背負著過去帝國日本時代沒能克服的課題。闡明了貫穿本書整體的問題意識。

「第一章　帝國的天皇和象徵的天皇」，是我至今圍繞「昭和天皇」研究的聖斷論分析之一。我曾經撰寫了題爲《日本海軍的終戰工作》（中公新書、1996年）一書，其中分析了由於「聖斷」使戰前的權力移轉到了戰後。本稿是探討「聖斷」本身所起的歷史作用的著書。「聖斷」不僅使昭和天皇的戰爭責任被擱置起來，同時還創造了戰後「和平主義天皇」的形象，指出了天皇換代之後，至今天皇制仍一直支撐著戰後保守體制。

「第二章　戰時官僚指導的戰後經濟復興」，是根據發表在《現代思想》（青土社、第35卷第1號，2007年1月）特集「岸信介——戰後國家主義的原點」的「岸信介復活及危險的時代精神」一文，再展開的論述。剖析了岸信介爲建設日本總體戰國家而奔走的活動，通過集結軍部、財界、官僚三位一體的關係試圖構築總體戰國家。岸信介負責經營作爲總體戰國家實驗場的「滿州帝國」，二十世紀40年代試圖在日本國內付諸實踐。指出戰後復興也採用了與總體戰時代相似的政治和經濟手法。

「第三章　靖國神社和明治以來的戰爭」，是我近年反覆論述的問題。小泉純一郎在擔任首相期間參拜靖國神社違反了現行憲法規定的政教分離原則，2003年12月，在「小泉首相參拜靖國神社違反憲法九州・山口訴訟」中，我作爲學者證人參加了福岡地方法院的法庭審判。在此之前，同年8月，應原告團的要求，我提出了報呈福岡地方法院的意見書。本稿是在當時概括的「作爲精神、思想動員裝置的靖國神社——超越歷史的政治作用和違法性」意見書的基礎上進一步展開的論述。強調靖國問題的本質是發揮了聯繫戰前和戰後的政治裝置的功能。

「第四章　日本侵略了亞洲」，是根據在學會發表的原稿寫成的。2006 年 7 月，殖民地文化學會（代表・西田勝）召開了題爲「《大東亞戰爭》是亞洲解放戰爭嗎？」的國際研討會。當時我報告的題目是「何謂亞洲太平洋戰爭？」，該報告刊登在學會雜誌《殖民地文化研究》第 6 號（不二出版，2007 年 6 月），本稿是根據其前半部分加工改寫成的。歷史修正論者的主張完全無視歷史事實，招到了遭受侵略的亞洲各國人民強烈的譴責和批判，本章主要論述了戰爭責任和殖民地統治責任問題。

「第五章　亞洲太平洋戰爭的歷史事實」是根據在《殖民地文化研究》上刊登的「何謂亞洲太平洋戰爭？」的後半部分加工完成的。指出了日本的歷史修正論者，以及戰後美國的亞洲戰略歪曲了亞洲太平洋戰爭的歷史事實。同時指出戰後日本人歷史認識不足的原因，戰後日本人對亞洲缺乏自覺的認識，強調必須作爲歷史的主體來重新看待歷史事實。

「第六章　日美安保阻礙了與亞洲的和解」，強調了日美安保不僅局限在經濟和軍事領域，並且阻礙了日本戰後與亞洲尋求和解的機會。冷戰體制下，亞洲各國失去了向日本追究戰爭責任的機會，沒能充分要求戰爭賠償。究其背景，日美安保是一大要因。指出了日美安保同時又是「日美歷史同盟」。如果不能以眞誠的態度面對亞洲侵略以及殖民地統治的責任，不願汲取昭和時期的罪惡歷史的教訓，那麼也許會重蹈覆轍，再次步入歧途。

「終章　面對過去——戰後世代的戰爭責任」，是圍繞本書的題目「我們的戰爭責任」而論述的。爲了不再重覆昭和初期的戰爭史，靠我們的判斷力和警覺性找出平成二十年與過去昭和時代的連續性。戰後出生的日本人，儘管對昭和時期的戰爭沒有直接的責任，但決不允許歪曲昭和時代的歷史事實。同時，對於生長在平成二十年的人們來說，提高自身的辨別力和自覺意識，防止不斷重覆錯誤的歷史認識，正是戰後世代應擔負的責任和義務。

本書是我在凱風社出版的第三本著書。感謝凱風社提供貴重的出版機會，同時深感寫作中存在諸多的不足，希望讀者提出寶貴的意見和建議以改進今後的寫作。最後再次向凱風社代表小木章男先生、以及爲本書進行了精心策劃和編輯的新田先生表示衷心的感謝。

2009 年 4 月

纐纈　厚